KLEINE
GESUNDHEITS-BIBLIOTHEK

TRENN-
KOST

Sonderausgabe

Die in diesem Ratgeber vorgeschlagenen Rezepte wurden sorgfältig überprüft. Eine Garantie bzw. Haftung kann jedoch nicht übernommen werden.

2000 Trautwein Ratgeber-Edition
Genehmigte Sonderausgabe

Redaktion: Susanne Werth, Martin Walter
Redaktionsassistenz: Beatrice Vollrath
Text: Jutta Voss, Dagmar Fronius-Gaier
Umschlaggestaltung: Inga Koch
Produktionsleitung: Uwe Eckhard
Produktion: Gunther Jaich
ISBN 3-8174-5293-4
5252931

Mehr Infos im Internet unter
www.compactverlag.de

INHALT

Viele Menschen sind auf der Suche nach einer zeitgemäßen Ernährungsform, die der Gesundheit förderlich ist, leicht im Alltag umzusetzen ist und dabei auch noch schmeckt. Sie haben vielleicht nach unzähligen Diäten die Erfahrung machen müssen, dass Sie trotz aller Mühen nicht dauerhaft abnehmen? Oder Sie leiden an gesundheitlichen Beeinträchtigungen, die Sie auf Ihre derzeitige Ernährung zurückführen?

Trennkost bietet einen Ausweg aus diesem Dilemma. Trennkost ist keine Diät, sondern eine Ernährungsform, deren Bedeutung nach Meinung vieler Ernährungswissenschaftler in Zukunft immer mehr zunehmen wird.

Dieses Buch erläutert im ersten Teil auf anschauliche Weise die Prinzipien der Trennkost. Der umfangreiche Rezeptteil bietet Ihnen viele leckere und gesunde Gerichte, die es Ihnen leicht machen, sich jeden Tag trennkostgerecht zu ernähren.

Viel Erfolg bei der Umstellung auf Trennkost!

Einführung

Die Anfänge der Trennkost durch Dr. Hay

Howard Hay wurde 1866 in den USA geboren. Er war als Arzt tätig und wurde mit 41 Jahren so schwer nierenkrank, dass er von anderen Ärzten als unheilbar angesehen wurde. Doch er selbst gab sich nicht auf. Er erinnerte sich daran, einen Bericht über das Volk der Hunza gelesen zu haben. Der Volksstamm lebte im Himalaya und wies eine Besonderheit auf: Zivilisationskrankheiten, die auch damals schon in den USA sehr verbreitet waren, waren bei den Hunzas völlig unbekannt. Dies wurde auf ihre Ernährungsweise zurückgeführt; das Volk lebte ausschließlich von naturbelassenen Nahrungsmitteln. Dr. Hay begann zu experimentieren. Er kombinierte die Ernährungsweise dieses Volkes mit den wissenschaftlichen Erkenntnissen seiner Zeit. So untersuchte er die chemische Zusammensetzung des menschlichen Körpers und fand heraus, dass er zu 80 % aus basischen und zu 20 % aus sauren Elementen besteht. Diese Erkenntnis übertrug er auf die Zusammenstellung der Nahrung und änderte seine Ernährung grundlegend. Er nahm überwiegend Basen bildende Lebensmittel zu sich und reduzierte die Anzahl der Säure bildenden. Außerdem trennte er bei jeder Mahlzeit die kohlenhydratreichen Lebensmittel von den eiweißreichen und nahm jeweils nur Lebensmittel aus einer Gruppe zu sich. Schon nach kurzer Zeit hatte dies erstaunliche Folgen: Er wurde vollständig gesund; seine Krankheit, die von anderen Ärzten als nicht behandelbar bezeichnet worden war, verschwand und trat auch in den folgenden Jahren nicht wieder auf. Zusätzlich nahm er 25 Kilo ab und fühlte sich leistungsfähiger als jemals zuvor. In den nächsten Jahren konzentrierte sich Dr. Hay darauf, die Prinzipien seiner Ernährungsform an seine Patienten zu vermitteln. Er erlebte dabei erstaunliche Erfolge. Dies ist der Grund, warum die Trennkost in den vergangenen Jahrzehnten immer bekannter wurde und sich immer mehr Menschen dafür entscheiden, ihre Ernährung auf die Prinzipien der Trennkost umzustellen.

Die Grundlagen der Trennkost

Es gibt drei Dinge, die eine entscheidende Voraussetzung für das Funktionieren unseres Körpers sind: Ernährung, Stoffwechsel und Ausscheidung. Wenn wir zu wenig, zu viel oder die falschen Lebensmittel essen, wenn unser Stoffwechsel zu langsam arbeitet und deshalb schlecht verbrennt oder wenn die Ausscheidung nur ungenügend stattfindet, dann bleiben Schlacken- oder Giftstoffe, die eigentlich ausgeschieden werden müssen, im Körper. Wir fühlen uns nicht wohl, häufig ohne dafür einen Grund nennen zu können. Dabei ist dieses Unwohlsein bereits ein Hinweis, dass das Gleichgewicht im Körper gestört ist. Beachten wir diese Signale unseres Körpers nicht, dann sind die Funktionen unserer Ausscheidungsorgane (also Leber, Nieren, Darm, Lunge und auch die Haut) stark eingeschränkt. Da die Giftstoffe nicht ausreichend abgebaut werden, treten richtige Vergiftungserscheinungen auf:
Körperlich können diese Vergiftungserscheinungen sich durch geschwollene oder verklebte Augenlider,

gerötete Augen, Sehstörungen, eine verstopfte Nase, Husten, Kopfschmerzen, Bauchschmerzen, Steifheit und Schwere der Glieder, Schwäche und Schmerzen in den Gelenken und Muskeln, Haut- und Haarprobleme sowie Schwindel und Müdigkeit bemerkbar machen.

Auch geistig macht sich die körperliche Vergiftung bemerkbar, denn die Funktionen des Gehirns werden beeinträchtigt. Konzentrationsstörungen oder ein schlechtes Gedächtnis sind die Folgen.

Seelisch kann sich die Vergiftung des Körpers durch depressive Verstimmungen, schlechter Laune bis hin zu Aggressionen und Angstzuständen ausdrücken.

Dr. Hay hat aufgrund dieser Erkenntnisse und der Erfahrung seiner eigenen Heilung und der vieler Patienten festgestellt, dass nur eine Ernährung mit naturbelassenen Lebensmitteln den Körper mit allen notwendigen Nährstoffen versorgt. Durch Umstellung auf Trennkost wird der Stoffwechsel entlastet und die Entstehung von Zivilisationskrankheiten verhindert. Viele Menschen haben so ihre Gesundheit zurückgewonnen. Sie haben zusätzlich ein besseres Lebensgefühl und eine höhere Leistungsfähigkeit erlangt.

Was ist Trennkost?

Trennkost ist eine Ernährungsform, bei der überwiegend Obst, Gemüse und Milchprodukte verzehrt werden. Eiweißhaltige Lebensmittel wie Fleisch,

Fisch, Geflügel oder Eier und kohlenhydratreiche Lebensmittel wie Kartoffeln, Getreide, Reis oder Nudeln gehören ebenfalls zur Trennkost, werden aber in kleinen Mengen verzehrt.

Die beiden wichtigsten Regeln der Trennkost sind:
1. Eiweiß und Kohlenhydrate werden getrennt verzehrt.
2. Das Säure-Basen-Gleichgewicht im Körper wird zunächst wieder hergestellt und dann ausgewogen beibehalten.

Das Grundprinzip: Die Trennung von Eiweiß und Kohlenhydraten

Das wichtigste Prinzip der Trennkost ist die Trennung von eiweiß- und kohlenhydrathaltigen Gerichten. Dr. Hay stellte fest, dass die Verdauung von Eiweißen und Kohlenhydraten im Körper sehr unterschiedlich verläuft.

Die unterschiedliche Verdauung von Kohlenhydraten und Eiweiß

Die Verdauung beim Menschen ist ein sehr komplexer Vorgang, der stundenlang dauert. Sie beginnt bereits im Mund, die nächste Station ist der Magen, danach wird die Nahrung im Dünndarm weiterverarbeitet.

1. Die Verdauung der Kohlenhydrate

Die Verdauung der Kohlenhydrate beginnt im Mund durch das Enzym Ptyalin. Es gelangt aus den

Speicheldrüsen in die Mundhöhle und ist dafür zuständig, Stärke in ihre Bestandteile aufzuspalten. Stärke ist ein komplexes Kohlenhydrat und kommt in großen Mengen in Kartoffeln, Nudeln, Reis und Getreide vor.

Voraussetzung dafür, dass Ptyalin die Stärke in ihre Bestandteile, die Dextrine heißen, zerlegen kann, ist gründliches Kauen und ein leicht basisches Milieu im Mund. Ist dieses nicht gegeben, kann das Ptyalin nicht optimal arbeiten. Als Folge wird die Stärke kaum gespalten und gelangt fast unverdaut in Magen und Dünndarm. (Wird also z. B. Brot mit Marmelade aus sauren Früchten gegessen, dann zerstören die Fruchtsäuren, die in der Marmelade enthalten sind, das basische Milieu im Mund.)

Auch im Dünndarm wird Stärke mit Hilfe von Enzymen verdaut, der Amylasen, die aus der Bauchspeicheldrüse stammen. Ist das Milieu im Darm nicht leicht basisch, kann es auch hier zu einer Beeinträchtigung der Verdauung kommen.

2. Die Eiweißverdauung

Die Eiweißverdauung beginnt im menschlichen Körper erst im Magen. Dennoch ist auch hier gründliches Kauen Voraussetzung für eine gute Verdauung. Die Salzsäure, die im Magen den Speisebrei so verändert, dass das Enzym Pepsin anschließend die Vorverdauung vornehmen kann, kann dies besser erledigen, wenn die Speisen gründlich gekaut wurden. Damit die Verdauung ungestört erfolgen kann, muss im Magen ein sehr saures Milieu vorhanden sein. Wird jetzt aber ein eiweißreiches Lebensmittel (etwa Fisch, Geflügel oder Fleisch) zusammen mit einem kohlenhydratreichen (etwa Kartoffeln, Nudeln oder Reis) verzehrt, verläuft die Verdauung nach Dr. Hay's Erkenntnissen nicht optimal. Die Enzyme Amylase und Pepsin behindern sich gegenseitig, denn sie benötigen ein unterschiedliches Milieu (Amylase ein basisches und Pepsin ein saures).

Die Folgen dieser falsch kombinierten Gerichte sind vielfältig: Der Körper ist so mit dem Verdauungsvorgang beansprucht, dass große Müdigkeit nach dem Essen auftritt. Zusätzlich leiden viele Menschen an Sodbrennen, Völlegefühl, Blähungen und Verdauungsstörungen. Beachtet man jedoch die Trennkostrichtlinien und isst eiweißreiche bzw. kohlenhydratreiche Nahrungsmittel nicht zusammen, dann wird der Verdauungstrakt entlastet und Sie werden selbst erleben, dass nach dem Essen keine Müdigkeit auftritt. Auch die anderen Störungen können nach konsequenter Umstellung auf Trennkost ausbleiben. Übrigens: Eine absolute Trennung von Kohlenhydraten und Eiweiß in einer Mahlzeit ist nicht möglich und auch nicht erforderlich. Bereits durch die Trennung der extrem kohlenhydrat- bzw. eiweißhaltigen Lebensmittel wird die Verdauung entlastet.

Es wird empfohlen, die Eiweißmahlzeit mittags und die Kohlenhydratmahlzeit abends zu essen. Falls es z. B. bei Einladungen schwierig ist, sich an diese Reihenfolge zu halten, können Sie natürlich gelegentlich davon abweichen. Versuchen Sie jedoch, sich möglichst häufig an diese Regel zu halten: Planen Sie mittags die Eiweißmahlzeit und abends die kohlenhydratreiche Mahlzeit ein. Diese Reihenfolge entspricht unseren Körperrhythmen: Eiweiß zum Mittagessen steigert die geistige Leistungsfähigkeit, weil die darin enthaltene Aminosäure Tyrosin die Hormone Dopamin und Noradrenalin bildet, die beide für ein waches Gehirn zuständig sind. Kohlenhydrate, aber auch Fett, können die anregende Wirkung dieser Hormone dämpfen.

Dagegen beruhigen Kohlenhydrate zum Abendessen Geist und Körper, weil sie die Produktion von Insulin anregen. Insulin wäscht die »Weckamine« aus dem Blut, nun kann die Aminosäure Tryptophan ungestört Serotonin bilden, ein natürliches Beruhigungsmittel. Eiweiß würde diese Wirkung aufheben.

Probieren Sie es selbst einmal aus: Essen Sie ein reichhaltiges Müsli zum Frühstück. Mittags als Eiweißmahlzeit Fisch (z. B. Seelachs- oder Rotbarschfilet). Den Fisch können Sie sehr schnell zubereiten: Einfach von beiden Seiten in etwas Sojasauce tunken und dann kurz von beiden Seiten anbraten. Dazu gibt es frischen Salat und/oder Gemüse. Abends essen Sie als Kohlenhydratmahlzeit z. B. Kartoffeln mit Gemüse. Sie werden selbst erleben, wie viel Energie die Verdauung herkömmlicher Mahlzeiten in Anspruch nahm.

Die Bedeutung des Säure-Basen-Gleichgewichts

Die Lebensmittel, die wir essen, werden von unserem Stoffwechsel unterschiedlich verarbeitet. Aus den einen entstehen Säuren (man bezeichnet sie deshalb als Säurebildner), aus den anderen entstehen Basen. Die folgende Tabelle gibt ihnen eine Übersicht über die Einteilung der Lebensmittel:

Basen-Bildner sind Obst, Gemüse, Kräuter, Kartoffeln, Knoblauch, Zwiebeln.
Säure-Bildner sind Fleisch, Fisch, Geflügel, Wild, Wurst, Eiweiß, Käse, getrocknete Hülsenfrüchte, isolierter Zucker, Auszugsmehl, gehärtete und raffinierte Fette, Konserven, Fertigprodukte, Diät- und Lightprodukte, erhitzte und gesüßte Säfte, Limonaden, Bohnenkaffee, Schwarzer Tee und Alkohol.

Was ist Übersäuerung?
Was passiert nun im Körper, wenn das Säure-Basen-Gleichgewicht gestört ist? Säuren und Basen befinden sich im Gleichgewicht, wenn der pH-Wert des Blutes bei etwa 7,4 liegt. Die folgende Aufzählung zeigt, wann sich das Säure-Basen-Gleichgewicht in die saure Richtung (der pH-Wert liegt dann niedriger als 7,4) verschiebt und zu einer Übersäuerung des Körpers kommt:

- wenn überwiegend Säure bildende Lebensmittel gegessen werden.

- wenn industriell bearbeitete Lebensmittel in großen Mengen gegessen werden. Kohlenhydratreiche Nahrungsmittel wie Produkte aus weißem Mehl (z. B. Weißbrot, Kuchen usw.) oder weißem Zucker (z. B. Schokolade) etc. werden im Körper zu Kohlensäure abgebaut. Für die Verdauung dieser Säure bildenden Lebensmittel werden Basen bildende Mineralstoffe (Kalzium,

Magnesium, Kalium, Natrium und Eisen) benötigt. Diese Mineralstoffe sollten eigentlich das Säure-Basen-Gleichgewicht erhalten. Da sie aber verstoffwechselt werden, können sie ihre Aufgabe nicht mehr erfüllen.

- Verstopfung kann zur Übersäuerung führen. Diese wird meistens durch fehlende Ballaststoffe verursacht.

- Die falsche Kombination von Lebensmitteln ist eine weitere Ursache für Übersäuerung. Durch den gleichzeitigen Verzehr von Kohlenhydraten und Eiweiß werden die Verdauungsorgane belastet und die Verdauung verzögert. Eine verlangsamte Verdauung ist mitverantwortlich für die Entstehung von Säuren.

Zusammenfassend lässt sich feststellen, dass Übersäuerung als Folge jahrelanger Fehlernährung auftritt: Viele Menschen essen zu schnell, zu fett, zu süß, mengenmäßig zu viel, zu minderwertig, zu viele Kohlenhydrate, zu viel Eiweiß, diese dann auch noch gemischt und damit zu viel durcheinander sowie zu spät abends. Beim Trinken sieht es meist auch nicht viel besser aus: Viele Menschen trinken zu wenig oder das Falsche, wie erhitzte und gesüßte Säfte, Limonaden, Kaffee, Schwarztee und Alkohol. Diese Ernährungsweisen führen dazu, dass die Nahrung unvollständig verdaut wird. Unvollständig verdaute Nahrung bleibt zu lange in Magen und Darm liegen. Durch Feuchtigkeit und Wärme kommt es zu Gärungsprozessen. Die bei der Gärung frei werdenden Säuren greifen die

Schleimhäute in Magen und Darm an. Magen- und Darmerkrankungen sind häufig die Folge.

Wird dagegen nichts unternommen, dann schafft das saure Milieu in unserem Organismus die Basis für ernste Erkrankungen. Neben den bereits genannten Magen- und Darmerkrankungen kommt es zu Müdigkeit, Erschöpfung, Kopfschmerzen, Nervosität, Schlaflosigkeit und Konzentrationsstörungen. Das saure Milieu des Körpers ist auch verantwortlich für viele Stimmungsschwankungen. („Ich bin sauer“ ist eine häufig gehörte Aussage.)

Ein ausgeglichenes Verhältnis zwischen Säuren und Basen in unserem Körper hat aus den gezeigten Gründen eine entscheidende Bedeutung für unsere Gesundheit und unser Wohlbefinden.

Einen ausgeglichenen Säure-Basen-Haushalt erreicht man, indem man:

1. die täglich gegessene Kost zu 70 % aus Basen-Bildnern und zu 30 % aus Säure-Bildnern zusammenstellt.
2. jeden Tag genügend Flüssigkeit in Form von Mineralwasser oder Kräutertee zu sich nimmt; empfohlen werden 2–3 Liter.

Die Kombination vollwertiger Ernährung und Trennkost

Vollwertkost hat sich ebenso wie Trennkost in den letzten Jahren immer mehr durchgesetzt. Beide Ernährungsformen haben viele Gemeinsamkeiten. Beide empfehlen den Verzehr naturbelassener

Lebensmittel und versuchen, den Verzehr industriell bearbeiteter Nahrungsmittel zu begrenzen.

Die richtige Auswahl der Lebensmittel

Beide Ernährungsformen empfehlen, Lebensmittel unter den folgenden Gesichtspunkten auszuwählen:

- Überwiegend pflanzliche Nahrungsmittel wählen. Fleisch oder Fisch sollten nur 1 bis 2-mal wöchentlich verzehrt werden. Bei Fleisch empfiehlt es sich, auf artgerechte Haltung der Tiere zu achten und Fleisch nur bei Biometzgern zu kaufen.

- Die Nahrungsmittel sollten möglichst frisch verwendet werden und man sollte auf eine fettarme Zubereitung achten.

- Ungefähr die Hälfte der täglich verzehrten Nahrung sollte in rohem Zustand gegessen werden.

- Die Nahrungsmittel sollten möglichst wenig be- oder verarbeitet sein.

- Nahrungsmittel mit Zusatzstoffen sollten vermieden werden.

- Möglichst nur Nahrungsmittel aus regionalem Anbau, der Jahreszeit entsprechend und aus kontrolliert biologischem Anbau verwenden.

- Die Nahrungsmittel sollten umweltschonend verpackt sein bzw. unverpackt gekauft werden.

Die Wirkung der Trennkost auf Gesundheit und Wohlbefinden

Regelmäßig durchgeführte Trennkost verbessert das allgemeine Wohlbefinden. Viele positive gesundheitliche Veränderungen lassen sich feststellen:

- Die Müdigkeit nach dem Essen verschwindet.
- Die Verdauung normalisiert sich, Abführmittel sind nach wenigen Wochen überflüssig. Unangenehme Völlegefühle, Sodbrennen oder Blähungen verringern sich oder verschwinden.
- Durch den intensiveren Abbau von Schlacken und anderen Giftstoffen verbessert sich die Beweglichkeit des Körpers. Viele Menschen, die sich früher nur ungern bewegt haben, entdecken die Freude an der Bewegung und treiben regelmäßig Sport.
- Viele Beschwerden wie Kopfschmerzen, Wetterfühligkeit, Regelbeschwerden, Rückenschmerzen, Verspannungen usw. treten seltener auf oder verschwinden ganz.
- Unreine Haut wird klarer; Pickel und Mitesser verschwinden. Die Haut wird insgesamt straffer.
- Wer vorher häufig an depressiven Verstimmungen oder Antriebsschwäche gelitten hatte, fühlt sich schwungvoller und aktiver.
- Allgemein stellt sich mehr Lebensfreude ein, man fühlt sich leistungsfähiger und vitaler.

Abnehmen mit Trennkost

Ein zu großes Übergewicht bringt viele Einschränkungen und Krankheiten mit sich. Häufig ist der Blutdruck zu hoch, Wirbelsäule und Gelenke werden übermäßig beansprucht und zeigen sehr starke Verschleißerscheinungen. Durchblutungsstörungen, Gicht, Nierensteine und Herz-Kreislauf-Krankheiten sind weitere Beispiele für ernährungsbedingte Krankheiten, die vermeidbar wären.

Übergewichtige fühlen sich schnell erschöpft und leiden an Atembeschwerden. Sie bewegen sich meist ungern, dadurch sind die Stoffwechselfunktionen eingeschränkt und Giftstoffe können schlechter abgebaut werden. Dies schwächt das Immunsystem und erhöht die Anfälligkeit für Krankheiten.

Übergewicht hat auch seelische und soziale Folgen. So fühlen sich viele Übergewichtige minderwertig und leiden an starken Schuldgefühlen, z. B. weil sie Diäten nicht durchhalten. Sie fühlen sich oft in ihrer Haut nicht wohl und lassen sich deshalb ungern in der Öffentlichkeit sehen. Sie meiden soziale Aktivitäten wie Partys oder Veranstaltungen. Stattdessen haben sie die Tendenz, sich in den eigenen vier Wänden zu vergraben. Häufig befinden sie sich in einem Teufelskreis: In Gedanken beschäftigen sie sich nur mit dem Thema Essen; da sie sich isolieren und einsam fühlen, kommt es häufig zu Essanfällen und danach zu Selbstvorwürfen und starken Schuldgefühlen. Auch Menschen mit einem nur mäßigen Übergewicht führen häufig Diäten durch, weil sie den in den Medien propagierten Schönheits- und Gewichtsidealen nachstreben. Diäten führen aber in den seltensten Fällen zu einer dauerhaften Gewichtsabnahme. Nach der Diät werden schnell wieder die früheren Essgewohnheiten angenommen. Die mühsam abgenommenen Kilo sind sofort wieder da, oft wiegt man sogar mehr als vorher.

Stellen Sie Ihre Essgewohnheiten auf eine gesunde, natürliche Trennkost um. Nur damit werden Sie Ihr Körpergewicht dauerhaft reduzieren und sich so wohl fühlen.

Tipps zum erfolgreichen Abnehmen

- Essen Sie nur, wenn Sie Hunger haben.

- Halten Sie sich an die Regeln der Trennkost.

- Besonders wichtig für Übergewichtige sind regelmäßige Mahlzeiten, gründliches Kauen und viel Rohkost, z. B. in Form eines Salates zu jeder Mahlzeit.

- Treiben Sie täglich etwas Sport oder bewegen Sie sich intensiv. Ein zügiger Spaziergang, Radfahren oder Gymnastik sind Beispiele. Suchen Sie sich Aktivitäten für verschiedene Gelegenheiten aus, die Sie gut in Ihren Alltag einbauen können. So könnten Sie Treppen steigen statt Aufzüge zu benutzen oder bei schlechtem Wetter in der Wohnung einige Minuten Seilspringen.

- Gehen Sie nie hungrig einkaufen.

- Planen Sie Ihre Einkäufe und sorgen Sie dafür, dass Sie zu einer Zeit einkaufen, in der Sie sich ruhig und ausgeglichen fühlen. Steht man unter Zeitdruck oder inneren Spannungen, kauft man schnell mehr ein, als geplant war.

- Genießen Sie Ihr Essen, lassen Sie sich Zeit, sonst leidet die Verdauung darunter.

Was können Sie zusätzlich für Ihr Wohlbefinden tun?

Eine gesunde Ernährung ist eine wesentliche Voraussetzung für Gesundheit und Wohlbefinden. Das regelmäßige Ausüben einer Sportart ist eine weitere. Suchen Sie sich eine sportliche Aktivität aus, die Ihnen gefällt und die Sie leicht in Ihren Alltag integrieren können, z. B. Spazierengehen, Radfahren oder Schwimmen.

Tiefes und richtiges Atmen ist eine weitere Voraussetzung für unser Wohlbefinden. Deshalb ist für viele Menschen das Erlernen einer Entspannungstechnik sinnvoll, denn jede Entspannungstechnik hat als Grundlage die Schulung einer guten Atemtechnik. Tiefes Atmen und die Fähigkeit zur Entspannung baut Stress ab bzw. lässt ihn erst gar nicht entstehen. Informieren Sie sich über die verschiedenen Methoden (z. B. Autogenes Training, Yoga, Chi Gong usw.) und wählen Sie die aus, die Ihnen am besten gefällt.

Sie können selbst viel für Ihre Gesundheit und Ihr Wohlbefinden tun: Durch gesunde Ernährung, regelmäßige Bewegung und Entspannung schaffen Sie optimale Voraussetzungen für Lebensfreude und Leistungsfähigkeit.

Die Umsetzung im Alltag

Viele Menschen möchten zwar gerne ihre Ernährungsgewohnheiten ändern, behaupten aber, keine Zeit für eine Umstellung ihrer Essgewohnheiten zu haben und belassen deshalb alles jahrelang beim Alten. Erst eine schwere Krankheit bewegt manchen zur Umkehr. So schrecklich es klingt: Die meisten Deutschen kümmern sich intensiver um ihr Auto als um ihren Körper.

Natürlich kostet die Änderung jahrelanger Gewohnheiten Zeit und Energie. Sie müssen sich Wissen aneignen, andere Zutaten kennen lernen, neue Rezepte ausprobieren. Doch auch Krankheiten kosten Zeit und bringen überdies Unwohlsein und Schmerzen mit sich. Und gibt es auch nicht in Ihrem Alltag Zeit, in der Sie sich langweilen, z. B. bei einer uninteressanten Fernsehsendung? Diese Zeit wäre mit dem Lesen eines Kochbuches oder dem Ausprobieren eines Rezeptes ungleich besser genutzt.

Tipp:

Legen Sie in der Umstellungsphase Ihrer Ernährungsweise jede Woche eine Gewohnheit fest, die Sie ab jetzt regelmäßig durchführen wollen. Orientieren Sie sich dabei an Ihrem Alltag. Was können Sie ohne großen Aufwand beginnen?

Mögliche Beispiele:

- Mittags und abends Salat, Obst oder rohes Gemüse essen.
- Kaltgepresste Öle im Bioladen oder im Reformhaus besorgen.
- An jedem Wochenende ein neues Rezept ausprobieren.
- Mit Freunden kochen.

Trennkost für den Arbeitsplatz

Mit etwas Übung lässt sich die gesunde Ernährung mit Trennkost auch am Arbeitsplatz durchführen.

Falls Sie die Möglichkeit haben, mittags in einer Kantine zu essen, können Sie in der Regel aus mehreren Gerichten auswählen. In vielen Kantinen ist es üblich, täglich mehrere Hauptgerichte mit wechselnden Salaten und anderen Beilagen anzubieten. Beginnen Sie Ihr Mittagessen immer mit einer Portion Salat. Auch Gemüsegerichte passen immer zur Trennkost. Bei Fleisch- oder anderen Eiweißgerichten achten Sie darauf, dass Sie nicht gleichzeitig Kohlenhydrate wie z. B. Kartoffeln zu sich nehmen. Das Gleiche gilt für Kohlenhydratgerichte.

An vielen Arbeitsplätzen besteht außerdem die Möglichkeit, mitgebrachte Gerichte zu erhitzen. Wenn Sie regelmäßig für sich selbst zu Hause kochen, können Sie Portionen für den Arbeitsplatz zubereiten und einfrieren. Diese lassen sich dann bei Bedarf schnell aufwärmen.

Eine andere Möglichkeit ist, mittags nur Salat zu essen. Bereiten Sie die Salatsauce zu Hause zu und geben Sie am Arbeitsplatz die Zutaten, die Sie auch schon zu Hause vorbereiten können (waschen, schälen, klein schneiden usw.) an die Sauce.

Experimentieren Sie mit Ihren Lieblingsgerichten und finden Sie heraus, welche Sie gut mitnehmen bzw. am Arbeitsplatz schnell zubereiten können. Denken Sie während des Essens nicht an die Arbeit.

Sorgen Sie auch für die Zeiten vor, in denen Sie kaum Zeit zum Essen finden. Nehmen Sie sich rohes Gemüse wie Möhren oder Kohlrabi mit, versorgen Sie sich mit Obst wie Äpfeln oder Bananen oder halten Sie Studentenfutter oder Sonnenblumenkerne griffbereit.

Nehmen Sie sich die Zeit und sorgen Sie gut für sich selbst.

Die Anwendung der Trennkost

Die Trennkost beruht auf der Tatsache, dass man Lebensmittel in drei Gruppen einteilen kann. Die erste Gruppe besteht überwiegend aus Eiweiß, die zweite überwiegend aus Kohlenhydraten. Die dritte Gruppe von Lebensmitteln enthält weder viel Eiweiß noch viele Kohlenhydrate. Aus diesem Grund stufte Dr. Hay diese Gruppe als neutral ein. Zu dieser Gruppe gehören beispielsweise pflanzliche Fette und Öle, tierische Fette, gesäuerte Milchprodukte und Käse mit mehr als 60 % Fett i. Tr., sowie Gemüse, Salat, Nüsse und Gewürze.

Zu den Nahrungsmitteln, die überwiegend Eiweiß enthalten, gehören z. B. Fleisch, Fisch, Geflügel, ungesäuerte Milch und ganze Eier.

Zu den vorwiegend Kohlenhydrate (Stärke und Zucker) enthaltenden Lebensmitteln gehören zum einen stärkehaltige Lebensmittel wie Vollkorngetreide, Vollkornmehl, Vollkornnudeln, Kartoffeln und Naturreis und zum anderen überwiegend zuckerhaltige Lebensmittel wie Bienenhonig, Datteln und Feigen.

Hülsenfrüchte wie Bohnen und Linsen enthalten sowohl viel Eiweiß als auch viele Kohlenhydrate. Beim Verzehr dieser Lebensmittel treten bei sehr vielen Menschen Völlegefühle und Blähungen auf. Dies ist ein Beweis dafür, dass viele Menschen Eiweiß und Kohlenhydrate zusammen schlecht vertragen und verdauen können.

Eine genaue Übersicht darüber, welches Lebensmittel welcher Gruppe zugeordnet wird, finden Sie in der Tabelle am Schluss dieses Buches.

Die Zuordnung der Lebensmittel

In trennkostgerechten Mahlzeiten werden die Lebensmittel folgendermaßen miteinander kombiniert:
- Bei einer Eiweißmahlzeit werden Lebensmittel aus der Eiweißgruppe mit denen der neutralen Gruppe kombiniert.

- Bei einer Kohlenhydratmahlzeit werden Lebensmittel aus der Kohlenhydratgruppe mit denen der neutralen Gruppe kombiniert.
- Mahlzeiten, die nur aus Lebensmitteln der neutralen Gruppe bestehen (z. B. Gemüsegerichte) sind ebenfalls möglich.
- Vermieden wird der Verzehr von Eiweiß und Kohlenhydraten während einer Mahlzeit.

Mengenplan

Die folgenden Gewichtsangaben sind als ungefähre Richtwerte zu verstehen. Probieren Sie selbst aus, welche Menge Sie benötigen. Denken Sie aber immer daran: Die Trennkost ist keine Diät! Es geht nicht darum, wenig zu essen oder gar Mahlzeiten ausfallen zu lassen. Die Gefahr, in alte Essgewohnheiten zurückzufallen und mehr zu essen, als einem gut tut, ist dann besonders groß. Achten Sie stattdessen auf eine ausgewogene Zusammenstellung Ihrer Nahrung. Gerade in beruflich anstrengenden Phasen neigen viele dazu, sich mit Fertiggerichten »abzuspeisen«. Halten Sie sich stattdessen an den folgenden Mengenplan.
Nach dem Aufstehen ist es günstig, ein Glas Mineralwasser zu trinken.

Frühstück:
Zur Wahl stehen Kohlenhydrat-, Eiweiß- oder Obstfrühstück.

Kohlenhydratfrühstück:
1 Portion Müsli oder 1 Scheibe Vollkornbrot (50 g), oder 1 Vollkornbrötchen oder 3 Scheiben Vollkorn-

knäckebrot dünn mit Butter bestreichen, dazu 30 g Käse (1 Scheibe) oder 50 g Quark oder 2 TL Honig.

Bitte beachten Sie:
Die Kombination Brot mit Marmelade widerspricht den Regeln der Trennkost.

Eiweißmahlzeit:
2 Eier (z. B. als Spiegeleier oder Rühreier), kombiniert mit Gemüse wie Tomaten, Gurken, Paprika, aber ohne Brot

Obstfrühstück:
Obst der Saison (außer Bananen) in beliebiger Menge
Trinken Sie zwischen dem Frühstück und dem Mittagessen unbedingt mindestens 1 Flasche (0,7 Liter) Mineralwasser.

Mittagessen:
Hier wird eine Eiweißmahlzeit empfohlen; als Ausnahme ist auch eine Kohlenhydratmahlzeit möglich.

Eiweißmahlzeit:
100–150 g Fleisch oder 150–200 g Fisch oder 2 Eier oder 60 g Käse, dazu 400 g Gemüse und Salat.

Kohlenhydratmahlzeit:
50 g Getreide oder 50 g Naturreis (Rohgewicht) oder 50 g Vollkornnudeln (Rohgewicht) oder 200 g Kartoffeln, kombiniert mit 400 g Gemüse und Salat.
Auch zwischen Mittag- und Abendessen sollten Sie mindestens 1 Flasche (0,7 Liter) Mineralwasser trinken.

Abendessen:
Abends sollten Sie eine Kohlenhydratmahlzeit bevorzugen:
50 g Getreide oder 50 g Naturreis (Rohgewicht) oder 50 g Vollkornnudeln (Rohgewicht) oder 200 g Kartoffeln, kombiniert mit 400 g Gemüse und Salat.

Mit der zunehmenden Gewöhnung an Trennkost werden Sie zwischen den Mahlzeiten keinen Hunger verspüren und deshalb kein Bedürfnis nach Zwischenmahlzeiten haben. Sollten in der Umstellungsphase Hungergefühle auftreten, dann essen Sie Obst oder rohes Gemüse.

Die Umstellung der Ernährung

Der Entlastungstag

Durch die veränderte Zusammensetzung der Nahrung wird der Stoffwechsel bei den meisten Menschen stärker angeregt. Deshalb kann es kurzfristig zu leichten Schmerzen in Muskeln und Gelenken oder leichten Verdauungsbeschwerden kommen. So reagiert der Körper auf die Entgiftung, die durch die Nahrungsumstellung stattfindet. Diese Symptome sind daher ein gutes Zeichen und halten bei gesunden Menschen nicht lange an. Falls Sie länger andauernde Beschwerden feststellen, sollten Sie Ihren Arzt um Rat fragen.

Mit einem Entlastungstag erleichtern Sie sich die Umstellung auf Trennkost. Sie können ihn auf unterschiedliche Weise durchführen. Wählen Sie jene der nachfolgenden Methoden aus, die Ihnen am meisten zusagt:

Obsttag:
An diesem Tag wird nur frisches Obst gegessen. Die Menge können Sie selbst festlegen. Günstig ist es, wenn Sie nach 17.00 Uhr nur noch eine oder zwei Bananen essen.

Gemüse-Salat-Tag:
An diesem Tag nehmen Sie ausschließlich Salat oder Gemüse zu sich. Auch hier können Sie so viel essen, wie Sie mögen. Das Gemüse kann roh (z. B. Möhren) oder gedünstet sein. Die Salate sollten ohne Fett und ohne Salz zubereitet werden. Verwenden Sie stattdessen zum Würzen Kräuter oder Gemüsebrühe.

Kartoffel-Trink-Tag:
Diese Form der Entschlackung ist besonders zu empfehlen, wenn Sie Probleme mit dem Magen oder Darm haben.
500 g Kartoffeln in einer Schale mit etwa 2 l Wasser kochen. Fügen Sie bitte kein Salz hinzu! Ältere Kartoffeln schälen, bei neuen Kartoffeln können Sie auch die Schalen verzehren.
Die Kartoffeln in der Kochflüssigkeit pürieren und über den Tag verteilt trinken.

Kartoffel-Gemüse-Suppe:
Die Zutaten für die Suppe sind: 3 Kartoffeln, 3 Zwiebeln, 3 Stangen Lauch, 1 Stück Knollensellerie und 3 Möhren. Das Gemüse putzen bzw. schälen und waschen. Das Gemüse zerkleinern und alles in einen Topf geben. Mit Wasser auffüllen. Nach Geschmack mit frischen oder getrockneten Kräutern (z. B. Petersilie, Majoran, Liebstöckel) würzen. Auf Salz verzichten. Das Gemüse garen, bis alles

weich ist, und die Suppe über den Tag verteilt essen. Wichtig ist es, am Entlastungstag viel zu trinken. Wählen Sie als Getränk stilles Mineralwasser oder Kräutertee.

Übersicht: Die Regeln der Trennkost

- Essen Sie möglichst nur vollwertige Nahrungsmittel, reduzieren Sie industriell verarbeitete Lebensmittel und Fertiggerichte in Ihrem Speiseplan.
- Trennen Sie die kohlenhydratreichen und die eiweißreichen Lebensmittel innerhalb einer Mahlzeit. Dadurch werden die Verdauungsorgane entlastet und eventuell vorhandenes Übergewicht wird langsam abgebaut.
- Essen Sie möglichst mittags eine Eiweißmahlzeit und abends eine Kohlenhydratmahlzeit.
- Alle neutralen Lebensmittel können entweder mit solchen aus der Eiweißgruppe oder mit solchen aus der Kohlenhydratgruppe kombiniert werden.
- Schränken Sie den Verzehr von extrem eiweißreichen und kohlenhydratreichen Lebensmitteln ein, um so eine Übersäuerung des Körpers zu verhindern.
- Für einen optimalen Säure-Basen-Haushalt sollte Ihre Nahrung etwa zu 70 % aus Gemüse, Salaten und Obst bestehen, davon sollte etwa die Hälfte roh gegessen werden. 15 % sollte aus der

Eiweißgruppe stammen (Fisch, Fleisch, Geflügel, Eier) und die restlichen 15 % aus der Kohlenhydratgruppe (Nudeln, Reis, Kartoffeln, Getreide etc.).

- Verzichten Sie auf Zwischenmahlzeiten und halten Sie Pausen von etwa 4 Stunden zwischen den Hauptmahlzeiten (Frühstück, Mittagessen, Abendessen) ein. Der Stoffwechsel wird dadurch entlastet.

- Es ist sehr wichtig, dass Sie sich für jede Mahlzeit ausreichend Zeit nehmen. Gewöhnen Sie sich an, langsam zu essen und jeden Bissen etwa 20-mal zu kauen. Das gründliche Kauen ist Voraussetzung für eine gute Verdauung. Ein Sättigungsgefühl stellt sich erst nach etwa 20 Minuten ein. Bei zu schnellem Essen stellt sich das Sättigungsgefühl erst ein, wenn man bereits zu viel gegessen hat.

- Nehmen Sie Alkohol, Kaffee und schwarzen Tee nur in geringen Mengen und möglichst nicht täglich zu sich. Alle diese Genussmittel wirken stark Säure bildend im Körper.

- Trinken Sie jeden Tag mindestens 2 Liter Mineralwasser oder Kräutertee.

- Lassen Sie keine der Hauptmahlzeiten ausfallen. Viele Menschen verzichten auf ein gesundes Frühstück, nehmen mittags relativ wenig zu sich und essen erst abends große Mengen. Der Körper verträgt dies nicht: Der Stoffwechsel kann nicht gleichmäßig arbeiten, durch das Aushungern sinkt der Blutzuckerspiegel extrem und man hat das dringende Bedürfnis, etwas essen zu müssen. In diesem Moment steht man körperlich so unter Stress, dass alles gegessen wird, was sich in Reichweite befindet, egal ob es nun gesund oder bekömmlich ist oder nicht. Durch regelmäßiges Essen verhindern Sie, dass es so weit kommt.

Hinweis für die nachfolgenden Rezepte:

Wenn nicht anders angegeben, sind alle Gerichte für vier Personen berechnet.

Zur schnelleren Zuordnung wurden die Rezepte auf die folgende Weise gekennzeichnet:

KH für Rezepte, die zur Kohlenhydrat-Gruppe gehören,

N für Rezepte, die zur Neutralen Gruppe gehören, und

E für Rezepte, die zur Eiweiß-Gruppe gehören.

Frühstücksideen

Granola-Knuspermüsli (KH)

Zutaten:
100 g Mandeln
300 g Haferflocken
100 g Reisflocken
100 g Weizenvollkornmehl
100 g Kokosflocken
50 g Sesamsamen
50 g Sonnenblumenkerne
1/2 TL Vanillepulver oder Zimtpulver
150 g Honig
1/8 l Sonnenblumenöl, kaltgepresst
Öl für das Blech

Zubereitung:
Den Ofen auf 160 Grad vorheizen. Die Mandeln hacken und mit den anderen trockenen Zutaten gut vermengen. 1/8 l Wasser erhitzen, mit Honig und Öl mischen. Die flüssige und die trockene Mischung miteinander verrühren, durchkneten und auf ein gut gefettetes Blech verteilen. Im vorgeheizten Ofen etwa 30 Minuten backen. Die Hitze abschalten und das Knuspermüsli noch 30 bis 45 Minuten nachtrocknen lassen. Das fertige Granola sollte knackig, knusprig und von hellbrauner Farbe sein. Wenn das Knuspermüsli dann abgekühlt ist, muss es in kleine Stücke gebrochen und zur Aufbewahrung in ein Glas gefüllt werden.

Tipp:
Mit Milch oder Sauermilchprodukten wie Joghurt oder Dickmilch servieren. Frische Früchte passen sehr gut dazu. Schmeckt auch als kleiner Snack für unterwegs.

Käseomelett (E)

Zutaten:
8 Eier
Kräutersalz, Pfeffer aus der Mühle
1 kl. Bd. Schnittlauch
ein paar Stängel krause Petersilie
160 g mittelalter Gouda
40 g Butter
8 kleine Tomaten

Zubereitung:
Die Eier mit Kräutersalz und Pfeffer verquirlen. Schnittlauch und Petersilie waschen, trockentupfen und klein schneiden. Käse in kleine Würfel schneiden. Kräuter und Käse unter die Eier mischen. In zwei Pfannen je 10 g Butter zerlassen und bei schwacher Hitze darin zwei Omeletts backen. Omeletts halbieren und je eine Hälfte auf vier vorgewärmte Teller gleiten lassen. Tomaten waschen, vom Stielansatz befreien und in Scheiben schneiden. Restliche Butter in einer Pfanne zerlassen, Tomatenscheiben darin kurz unter Wenden braten. Tomatenscheiben auf den Omeletts anrichten.

Tipp:
Die frischen Kräuter variieren, z. B. mit frischem Kerbel, Basilikum oder Thymian kombinieren.

Kräuterquark (N)

Zutaten:
250 g Quark
40 g weiche Butter

2 EL Crème fraîche
1 mittelgroße Zwiebel
1 Knoblauchzehe
1 Bd. gemischte frische Kräuter
(z. B. Schnittlauch, Petersilie, Kerbel, Dill, Kresse)
1 Prise Kümmelpulver
Kräutersalz
Pfeffer aus der Mühle
1 kleiner Bund Radieschen zum Garnieren

Zubereitung:
Den Quark mit Butter und Crème fraîche schaumig rühren. Zwiebel schälen und fein würfeln. Knoblauch schälen und durch die Presse drücken. Kräuter waschen, trockentupfen und fein hacken. Zwiebel, Knoblauch und Kräuter unter den Quark rühren. Quark mit Kümmel, Salz und Pfeffer abschmecken. Mit den Radieschen garnieren.

Tipp:
Mit frischen Brötchen serviert ergibt der Kräuterquark eine Kohlenhydratmahlzeit.

Frischkornmüsli (KH)

Für 1 Person:
Bitte beachten Sie: Das Getreide muss bereits am Vorabend eingeweicht werden. Vorsicht: die Getreidekörner nicht zu lange einweichen, sonst keimen sie!

Zutaten:
2 EL Getreidekörner
(z. B. Weizen, Dinkel, Roggen oder Gerste)

1 EL Sahne
1 TL Honig
1 EL gehackte Walnusskerne

Zubereitung:
Am Vorabend das Getreide in einer Getreidemühle grob schroten und über Nacht in 4 EL Wasser einweichen.
Am nächsten Morgen die Sahne und den Honig zu dem Getreideschrot geben und gut verrühren. Mit den gehackten Walnusskernen bestreuen.

Tipp:
Schmeckt mit Milch, Joghurt oder Dickmilch.

Apfel-Nuss-Quark (E)

Zutaten:
3 Äpfel
250 g Quark
2 EL Honig
Saft von 1 Zitrone
2 EL Haselnussmus (in Bioläden oder Reformhäusern erhältlich)
100 ml Orangensaft
2 EL Leinöl
2 EL gehackte Haselnüsse

Zubereitung:
Die Äpfel waschen und in Stücke schneiden. Mit den anderen Zutaten (bis auf die Haselnüsse) zusammen im Mixer oder mit dem Schneidstab pürieren. Apfel-Quark auf Schälchen verteilen und mit den Nüssen bestreuen.

Bananenjoghurt mit Haferflocken (KH)

Zutaten:
2 Bananen
500 g Vollmilchjoghurt
2 EL Honig
150 g Haferflocken
50 g angeröstete gehackte Mandeln oder jede andere Art von Nüssen

Zubereitung:
Die Bananen schälen und in feine Scheiben schneiden. Zusammen mit dem Joghurt und dem Honig im Mixer pürieren. In vier Müsli-Schälchen geben, die Haferflocken unterrühren. Mit den gehackten Mandeln bestreuen.

Hirsebrei (KH)

Zutaten:
3/4 l Milch
150 g Hirse
Salz
Sahne

Zubereitung:
Die Milch in einen kleinen Topf füllen und 1/4 l Wasser dazugeben. Die gewaschene Hirse in die kalte Milch streuen und unter Rühren zum Kochen bringen. Mit Salz abschmecken und etwa 15 Minuten auf kleiner Flamme köcheln lassen, bis die Hirse gequollen ist. Vom Herd nehmen und auf Teller verteilen. Zur Verfeinerung noch etwas Sahne dazugeben.

Birnenmüsli (E)

Für 1 Person:

Zutaten:
1 EL Leinsamen (ungeschrotet)
150 g Joghurt (natur)
1 TL Sonnenblumenöl
1 Birne

Zubereitung:
Leinsamen mit 1 EL Wasser am Abend vorher einweichen lassen und über Nacht im Kühlschrank luftdicht abgedeckt quellen lassen. Zum Frühstück den Joghurt und das Öl darunter rühren. Die Birne waschen, halbieren, Kerngehäuse entfernen, in mundgerechte Stücke schneiden und sorgfältig mit dem Müsli vermischen.

Tipp:
Statt der Birne können Sie auch einen Apfel oder je nach Saison anderes Obst (z. B. Johannisbeeren) in das Müsli geben. Dieses Müsli ist auch hervorragend als kleine Zwischenmahlzeit geeignet.

Bananen-Müsli mit Dinkel (KH)

Für 1 Person:

Zutaten:
50 g Dinkel
1 TL Sonnenblumenöl
150 g Joghurt
1 Banane

Zubereitung:
Dinkel am Abend vorher schroten und in etwas Wasser über Nacht im Kühlschrank abgedeckt quellen lassen. Zum Frühstück mit dem Öl und dem Joghurt verrühren. Die Banane in Scheiben schneiden und unter das Müsli geben.

Tipp:
Statt Joghurt können Sie auch Kefir oder Buttermilch verwenden.

Vorspeisen

Gefüllte Tomaten (N)

Zutaten:
4 mittelgroße Fleischtomaten
je 1 Bund Petersilie und Basilikum
2 Knoblauchzehen
100 ml Olivenöl, kaltgepresst
Pfeffer aus der Mühle
4 Scheiben Weichkäse (60 %)

Zubereitung:
Den Ofen auf 180 Grad vorheizen. Die Tomaten waschen und am Stielende einen Deckel abschneiden. Die Kerne herauslösen. Tomaten leicht salzen. Kräuter waschen, trockentupfen und sehr fein hacken. Knoblauchzehen schälen und durch die Presse zu den Kräutern drücken. Die Kräutermischung in die Tomaten füllen. Das Olivenöl bis auf 2 EL zur Kräuter-Knoblauch-Mischung geben, mit Pfeffer würzen. Mit den 2 EL Olivenöl eine feuerfeste Form einstreichen, die Tomaten hineinsetzen und im vorgeheizten Ofen in etwa 20 Minuten weichbacken. Zum Schluss auf jede Tomate eine Käsescheibe legen und im Ofen schmelzen lassen.

Tipp:
Mit frischem Baguette oder Ciabatta serviert ergibt dieser neutrale Snack eine Kohlenhydratmahlzeit.

Eingelegte Zucchini (N)

Zutaten:
500 g kleine, zarte Zucchini
Kräutersalz

Olivenöl zum Frittieren
Pfeffer aus der Mühle
1 Bund Basilikum
1/2 Bund Petersilie
ein paar Zweiglein Thymian
3 Knoblauchzehen
100 ml Weißweinessig

Zubereitung:
Die Zucchini waschen, putzen und in 1/2 cm dicke Scheiben schneiden. Salzen, kurz Wasser ziehen lassen, dann trockentupfen. Reichlich Olivenöl in einem Topf erhitzen, die Zucchinischeiben darin portionsweise hellbraun ausbacken. Auf Küchenpapier entfetten. Die Zucchinischeiben auf einer Platte anrichten, mit Salz und Pfeffer würzen. Die Kräuter waschen und trockentupfen. Das Basilikum in feine Streifen schneiden. Die Petersilie fein hacken und den Thymian abrebeln. Die Knoblauchzehen schälen und fein hacken. Kräuter, Knoblauch und Essig vermischen, über den Zucchini verteilen. Zugedeckt im Kühlschrank 4 Stunden marinieren lassen. Vor dem Servieren bei Zimmertemperatur etwas stehen lassen.

Tipp:
Passt gut auf einen Antipasti-Teller. Mit frischem Weißbrot serviert eine Kohlenhydratmahlzeit.

Marinierte Auberginen (N)

Zutaten:
5 Fleischtomaten
2 Knoblauchzehen

6 EL Olivenöl
Salz
Pfeffer
4 kleine Auberginen (600 g)

Zubereitung:
Tomaten mit kochendem Wasser überbrühen und häuten. Tomaten in Stücke schneiden. Knoblauch abziehen, würfeln und in 2 EL Öl dünsten, aber nicht braun werden lassen. Tomaten zufügen und bei großer Hitze im offenen Topf etwa fünf Minuten kochen. Mit Salz und Pfeffer abschmecken. Auberginen abspülen und in Scheiben schneiden. Eine Minute in kochendes Wasser geben. Herausnehmen, trockentupfen und portionsweise in einer beschichteten Pfanne mit etwas Öl von beiden Seiten kräftig braun braten. Mit Salz und Pfeffer würzen. Tomaten über die Auberginen geben und abkühlen lassen.

Tipp:
Diese Vorspeise lässt sich sehr gut am Vortag vorbereiten.

Melonen-Cocktail (E)

Zutaten:
1 Honigmelone
1/2 Salatgurke
2 Paprikaschoten, 2 Tomaten
Zitronensaft
2 EL Öl
Salz, Pfeffer
10 schwarze Oliven

Zubereitung:
Die Melone halbieren, die Kerne entfernen, das Fruchtfleisch mit einem Löffel herausnehmen und in kleine Stücke schneiden. Gurke, Paprika und Tomaten in Würfel schneiden und mit den Melonenstücken mischen. Mit Zitronensaft, Öl, Salz und Pfeffer abschmekken. Mit den Oliven garnieren.

Avocado mit frischen Krabben (E)

Zutaten:
200 g Crème fraîche
2 EL Joghurt
1 TL Senf
3 EL frisch gehackte Kräuter wie Petersilie, Kerbel und Zitronenmelisse
Salz
frisch gemahlener weißer Pfeffer
1/2 TL kaltgepresstes Olivenöl
2 vollreife Avocados (etwa 500 g)
Saft von 1/2 Zitrone
200 g frische Krabben

Zubereitung:
Die Crème fraîche mit dem Joghurt und dem Senf verrühren. Die Kräuter daruntermischen. Die Sauce mit Salz, Pfeffer und dem Öl abschmecken. Die Avocados halbieren, vom Kern befreien und schälen. Jede Hälfte mit einem scharfen Messer in dünne Scheiben schneiden. Die Scheiben fächerförmig auseinander drücken und sofort mit dem Zitronensaft beträufeln, damit sie sich nicht verfärben. Die Sauce über den Avocadoscheiben verteilen und mit den Krabben garnieren.

Austernpilze mit Knoblauch (E)

Zutaten:
500 g Austernpilze
2 Knoblauchzehen
1/2 Bund glatte Petersilie
2 EL kaltgepresstes Olivenöl
1 TL Butter
Salz
frisch gemahlener schwarzer Pfeffer
Saft von 1 kleinen Zitrone

Zubereitung:
Die einzelnen Pilze voneinander trennen und zähe Stiele abschneiden. Die Pilze putzen, kurz unter fließendem, kalten Wasser abspülen und trockentupfen. Den Knoblauch schälen und in sehr feine Scheiben schneiden. Die Petersilie waschen, trockentupfen und fein hacken. Das Öl in einer Pfanne erhitzen und die Butter darin bei mittlerer Hitze zerlaufen lassen. Die Pilze zugedeckt etwa 2 Minuten braten, wenden und bei starker Hitze in der offenen Pfanne weitere 3 bis 5 Minuten braten, bis die gesamte Flüssigkeit verdampft ist. Die Austernpilze mit Salz und Pfeffer abschmecken und auf vorgewärmten Tellern anrichten. Den Knoblauch und den Zitronensaft in die Pfanne geben, und den Knoblauch unter ständigem Rühren etwa 1 Minute dünsten, bis er weich ist. Die Sauce über den Pilzen verteilen und die Petersilie darüber streuen.

Salate

Feldsalat mit Leberstreifen (E)

Zutaten:
200 g Feldsalat
2 Knoblauchzehen
4 EL Öl, kaltgepresst
2 EL Weinessig
Salz
Pfeffer aus der Mühle
150 g Sahnejoghurt
300 g Kalbsleber
40 g Butter
2 kleine süße Äpfel

Zubereitung:
Den Feldsalat gründlich waschen und trockentupfen. Die Knoblauchzehen schälen und durch die Presse drücken, mit Öl und Essig verrühren. Marinade salzen und pfeffern und den Joghurt unterziehen. Die Leber in feine Streifen schneiden, in heißer Butter kurz durchbraten, leicht salzen und pfeffern. Die Äpfel mit einem Ausstecher vom Kernhaus befreien und in dicke Ringe schneiden. Ringe von jeder Seite 2 Minuten mit der Leber braten. Den Salat auf vier Tellern anrichten, mit der Sauce übergießen und mit Leberstreifen und Apfelringen garnieren.

Kartoffelsalat (KH)

Zutaten:
500 g Kartoffeln
2 Zwiebeln
1 Salatgurke

1 Bund Radieschen
2 EL kaltgepresstes Sonnenblumen- oder Distelöl
150 ml Gemüsebrühe
Salz, frisch gemahlener schwarzer Pfeffer
1 Bund Schnittlauch

Zubereitung:
Die Kartoffeln waschen und in der Schale kochen oder bereits gekochte Kartoffeln vom Vortag verwenden. Die Zwiebel schälen und fein hacken. Die Salatgurke waschen und in dünne Scheiben hobeln. Die Radieschen waschen, putzen und in feine Scheiben schneiden. Die Kartoffeln pellen und in dicke Scheiben schneiden. Das Öl in einem Topf erhitzen und die Zwiebel andünsten, die Kartoffeln und die Gemüsebrühe hinzufügen und alles kurz erhitzen. Alles in eine Schüssel füllen und mit Salz und Pfeffer würzen. Radieschen und Gurke untermischen. Den Schnittlauch klein schneiden und auf den Salat streuen.

Gemischter Salat mit Mandelsauce (N)

Zutaten:
1 Kopf Salat je nach Jahreszeit (z. B. Eisbergsalat, Romanasalat, Kopfsalat)
200 g Tomaten
2 rote Paprikaschoten
100 g Champignons
3 Möhren
200 ml Sahne
75 g Mandelmus (erhältlich in Bioläden oder Reformhäusern)
Salz

schwarzer Pfeffer
einige Tropfen Tabasco
etwas Schnittlauch zum Garnieren

Zubereitung:
Den Salat waschen und in mundgerechte Stücke zerpflücken bzw. schneiden. In einer Salatschleuder trocken schleudern. Die Tomaten waschen, Stielansätze entfernen und achteln. Die Paprika waschen, halbieren, Kerne entfernen und Paprika in Streifen schneiden. Die Champignons putzen und je nach Größe vierteln oder in Scheiben schneiden. Die Möhren schälen, waschen und in Stifte schneiden. Sahne und Mandelmus mit etwas Wasser zu einer cremigen Sauce verrühren und mit Salz, Pfeffer und Tabasco würzen. Das Gemüse in einer großen Schüssel mischen und die Sauce unterheben. Mit einigen Röllchen Schnittlauch garnieren.

Eisbergsalat (N)

Zutaten:
1 Kopf Eisbergsalat
4 Tomaten, 1 Salatgurke
1 Bund Radieschen
1/2 Bund Frühlingszwiebeln
2 EL kaltgepresstes Sonnenblumen- oder Distelöl
1 Becher Joghurt
Salz
1 Bund Schnittlauch

Zubereitung:
Den Salat waschen und quer in Streifen schneiden. Die Tomaten waschen, putzen und achteln. Gurke,

Radieschen und Frühlingszwiebeln putzen, waschen und in dünne Scheiben schneiden. Öl, Joghurt und Salz zu einer Sauce verrühren. Alles in eine Schüssel geben und gut mischen. Den frischen Schnittlauch in Röllchen schneiden und über den Salat streuen.

Chinakohl mit Gorgonzola (E)

Zutaten:
50 g Gorgonzola
150 g Joghurt
1 EL Kräutersalz
1 EL Öl
1 EL Essig
1 Chinakohl

Zubereitung:
Gorgonzola mit Joghurt, Salz, Öl und Essig im Mixer pürieren. Den Chinakohl waschen, trocken schleudern und klein schneiden. Die Sauce zum Chinakohl geben und sorgfältig miteinander vermischen.

Möhrensalat (N)

Zutaten:
500 g Möhren
2 EL kaltgepresstes Sonnenblumenöl
1 Becher Joghurt
50 g süße Sahne
Salz
3 EL Sonnenblumenkerne

Zubereitung:
Die Möhren waschen, schälen und auf einer Rohkostreibe raspeln. Öl, Joghurt, Sahne und Salz zu einer Sauce rühren. Alles in eine Schüssel geben und mit den Sonnenblumenkernen gut mischen.

Tipp:
Wenn Sie den Salat mit 2 EL Zitronensaft abschmecken, wird der Salat zu den Eiweißgerichten gezählt.

Griechischer Salat (N)

Zutaten:
750 g reife Tomaten
300 g Schafskäse
1 Knoblauchzehe
frisches Basilikum
4 EL kaltgepresstes Olivenöl
Salz

Zubereitung:
Die Tomaten waschen, die Stielansätze entfernen und würfeln. Den Schafskäse ebenfalls in kleine Würfel schneiden und mit den Tomaten mischen. Den Knoblauch durch eine Knoblauchpresse drücken oder sehr fein hacken. Das Basilikum in kleine Stücke zupfen. Knoblauch, Basilikum, Öl und 2 EL Wasser verrühren. Die Sauce mit Salz abschmecken und über den Salat geben, aber nicht mischen.

Tipp:
Mit Pita-Brot serviert eine Kohlenhydratmahlzeit.

Fenchelsalat (E)

Zutaten:
2 EL Ahornsirup
4 EL Zitronensaft
Salz
100 g Walnusskerne
4 Äpfel
2 Knollen Fenchel
2 Orangen

Zubereitung:
Zunächst die Sauce anrühren: Den Ahornsirup mit dem Zitronensaft mischen und leicht salzen. Die Walnüsse grob hacken. Die Äpfel vierteln, Kerne entfernen und in feine Scheiben schneiden. Die Äpfel sofort mit der Marinade verrühren, damit sie nicht braun werden. Den Fenchel waschen und eventuell vorhandene braune Stellen wegschneiden. Die Knolle zuerst der Länge nach in feine Scheiben, dann in Streifen schneiden. Den Fenchel und die Nüsse mit der Sauce mischen. Den Salat mit Salz abschmecken und 15 Minuten zugedeckt durchziehen lassen. Inzwischen die Orangen filetieren und unter den Salat mischen.

Kohlrabi-Möhren-Salat (N)

Zutaten:
400 g Kohlrabi
400 g Möhren
1 Bund Schnittlauch
100 g Sahne
100 g saure Sahne

1 TL Kräutersenf
1 EL milder Obstessig
Salz
frisch gemahlener weißer Pfeffer
1 EL kaltgepresstes Distelöl
100 g Walnusskerne

Zubereitung:
Kohlrabi und Möhren schälen, waschen und auf der Rohkostreibe fein raspeln. Den Schnittlauch in Röllchen schneiden. Die süße und die saure Sahne mit dem Senf, dem Essig, Salz, Pfeffer und dem Öl verrühren. Den Kohlrabi mit den Möhren und dem Schnittlauch in eine Schüssel geben. Die Sauce darüber gießen und alles mischen. Die Walnüsse grob hacken und über den Salat streuen.

Apfel-Sellerie-Salat (E)

Zutaten:
4 Äpfel
200 g Sellerie
Saft von 1 Zitrone
100 ml Sahne
1 TL Senf
Salz
1/2 Bund Petersilie

Zubereitung:
Die Äpfel und den Sellerie auf einer Rohkostreibe fein reiben. Beides mit dem Zitronensaft beträufeln. Sahne, Senf und Salz miteinander verrühren und über die Rohkost gießen, alles gut mischen. Die Petersilie fein hacken und untermischen.

Spargelsalat (E)

Zutaten:
500 g Spargel
1 kleine Zwiebel
1/2 Bund Petersilie, 1/2 Bund Dill
1 Zweig frischer Estragon
200 g Quark
100 ml Sahne
30 g gehackte Walnüsse
1 TL Honig
1 TL Senf
Salz, frisch gemahlener weißer Pfeffer
Saft von 1 Zitrone

Zubereitung:
Den Spargel waschen, schälen und in etwa 2 cm lange Stücke schneiden. Die Zwiebel schälen und fein hacken. Die Kräuter waschen, trockentupfen und fein hacken. Die Zwiebel und die Kräuter mit Quark, Sahne, Walnüsse, Honig und Senf im Mixer zu einer Marinade verrühren. Mit Salz, Pfeffer und Zitronensaft abschmecken. Die Marinade über den Spargel geben und etwas durchziehen lassen.

Waldorfsalat (E)

Zutaten:
6 säuerliche Äpfel
400 g Knollensellerie
2 Orangen
100 g grüne Weintrauben
4 Walnusskernhälften
etwa 200 g saure Sahne

Zubereitung:
Äpfel waschen, das Kerngehäuse entfernen und das Fruchtfleisch in kleine Würfel schneiden. Den Sellerie schälen und auf der Rohkostreibe in feine Stifte raspeln. Die Orangen schälen und filetieren. Die Weintrauben halbieren und die Kerne entfernen. Die Walnusskerne hacken. Mit der sauren Sahne mischen.

Schneller Tomatensalat (E)

Zutaten:
8 Tomaten
Salz
Pfeffer
Zitronensaft
1 Zwiebel

Zubereitung:
Die Tomaten waschen, halbieren und die Stielansätze herausschneiden. Vier Salatteller bereitstellen, jeweils zwei Tomaten in kleine Stücke schneiden und auf einem Teller verteilen. Mit Salz, Pfeffer und Zitronensaft würzen. Die Zwiebel schälen und in kleine Würfel schneiden. Die Zwiebelwürfel auf den Tomaten verteilen.

Rucolasalat mit Tomaten (E)

Zutaten:
500 g Rucola
500 g reife Tomaten
5 EL kaltgepresstes Olivenöl

3 EL Balsamico-Essig
1 TL Salz
1 Knoblauchzehe

Zubereitung:
Rucola putzen, harte Stiele entfernen, waschen und gut abtropfen lassen. Auf Salattellern verteilen. Die Tomaten waschen, Stielansätze entfernen und in Scheiben schneiden. Die Tomatenscheiben auf dem Rucola verteilen. Die Knoblauchzehe schälen und durch eine Knoblauchpresse drücken. Aus Öl, Essig, Salz und dem Knoblauch eine Sauce anrühren und auf den Salattellern verteilen.

Tipp:
Diesen Salat können Sie zusätzlich mit in Scheiben geschnittenem Mozzarella oder in Würfel geschnittenem Schafskäse servieren.

Pikanter Blattsalat mit Zucchini (E)

Zutaten:
100 g Blattspinat
250 g Zucchini
100 g Rucola, 125 g Feldsalat
1 Kopf Romanasalat
6 EL Olivenöl
3 EL Balsamico-Essig
1 Knoblauchzehe
Salz, Pfeffer

Zubereitung:
Den Spinat verlesen, Stiele entfernen, gut waschen und in mundgerechte Stücke zerteilen. Zucchini in

feine Scheiben schneiden. Rucola putzen, harte Stiele entfernen. Feldsalat gründlich putzen und waschen, den Romanasalat gut waschen und in mundgerechte Stücke zerteilen. Alle Salatsorten gut miteinander vermischen. Die Knoblauchzehe schälen und durch eine Knoblauchpresse drücken. Aus dem Öl, Essig und dem Knoblauch eine Sauce rühren und mit Salz und Pfeffer würzen.

Gurkensalat (N)

Zutaten:
1/4 TL Salz
2 EL Apfelessig
5 EL Sonnenblumenöl
1 Salatgurke
1 Bund Dill
1 Bund Schnittlauch
einige frische Blätter Basilikum
1 Zweig frischer Estragon

Zubereitung:
Das Salz mit dem Essig und dem Öl gut zu einer dicklichen Sauce verrühren. Die Gurken waschen, abtrocknen und mit der Schale in die Sauce raspeln. Die Kräuter waschen, trockenschleudern, fein hacken und unter die Gurken heben.

Kressesalat (E)

Zutaten:
100 g Gartenkresse
1 EL Sonnenblumenöl

1/2 TL Kräutersalz
1 EL Zitronensaft

Zubereitung:
Die Kresse mit einer Küchenschere abschneiden. Öl, Salz und Zitronensaft auf die Kresse geben und vorsichtig mischen. Nach Geschmack mit Pfeffer würzen.

Selleriesalat mit Orangen (E)

Zutaten:
600 g Sellerie
Saft von 1 Zitrone
2 Orangen
1/2 TL Salz
2 TL Honig
50 ml Sahne
2 EL Sonnenblumenöl
1 Bund Petersilie

Zubereitung:
Den Sellerie schälen, auf der Rohkostreibe grob raspeln und sofort mit Zitronensaft beträufeln, damit er sich nicht verfärbt. Die Orangen schälen, in Filets teilen, in kleine Stücke schneiden und mit dem Sellerie mischen. Für die Sauce das Salz mit dem Honig und der Sahne verrühren. Das Öl zugießen und rühren, bis sich alle Zutaten gut vermischt haben. Die Petersilie fein hacken und mit der Sauce an den Sellerie geben und vorsichtig unterheben.

Tipp:
Ein erfrischender Salat für heiße Tage.

Chicoréesalat mit Krabben (E)

Zutaten:
4 Chicorée
1 EL Zitronensaft
4 Tomaten
1 rote Paprikaschote
2 Zwiebeln
200 g Krabben
150 g Joghurt
3 EL Sonnenblumenöl
1 EL Weinessig
Salz
1 Knoblauchzehe

Zubereitung:
Den Chicorée putzen, waschen, den bitteren Strunk herausschneiden und den Salat in Streifen schneiden. Den Chicorée in eine Salatschüssel geben und mit dem Zitronensaft beträufeln. Die Tomaten waschen, Stielansätze entfernen und in Achtel schneiden. Die Paprikaschote waschen, halbieren, Kerngehäuse entfernen und in feine Streifen schneiden. Die Zwiebeln schälen und in Würfel schneiden. Alle genannten Zutaten mit den Krabben in die Schüssel geben und vorsichtig vermischen. Für die Sauce den Joghurt mit dem Öl, Essig und Salz verrühren. Den Knoblauch durch eine Knoblauchpresse drücken und in die Sauce geben. Die Sauce gut vermischen, über den Salat geben und zugedeckt 15 Minuten durchziehen lassen.

Tipp:
Dieser Salat eignet sich hervorragend als leckere Zwischenmahlzeit oder als leichte Abendkost.

Pikanter Wirsing-Salat (E)

Zutaten:
750 g Wirsing
Salz
4 Orangen
5 EL Olivenöl
frisch gemahlener schwarzer Pfeffer
einige Walnusskerne

Zubereitung:
Den Wirsing putzen und den Strunk herausschneiden. Die Wirsingblätter in kochendes Wasser geben und kurz (ca. 1 Minute) sprudelnd kochen lassen. Abgießen, kalt abspülen und in Streifen schneiden. 1 Orange auspressen und den Saft auffangen; die anderen schälen und filetieren. Den Orangensaft, Olivenöl, Salz und Pfeffer verrühren. Mit den Wirsingstreifen und Orangenfilets vermischen. Zur Abrundung des Geschmacks die gehackten Walnusskerne darüberstreuen.

Feldsalat mit Birnen und Grünkern (KH)

Zutaten:
150 g Grünkern
1/2 l Gemüsebrühe
200 g Feldsalat
500 g reife Birnen
6 EL Distelöl
3 EL Apfelessig
1 TL Birnendicksaft
Salz
1 Prise Zimt

Zubereitung:
Den Grünkern unter fließendem Wasser abspülen und mehrere Stunden in Wasser quellen lassen. Die Gemüsebrühe erhitzen, Grünkern hinzufügen, einmal aufkochen und ca. 20 Minuten zugedeckt köcheln lassen. Den Feldsalat putzen, waschen und trocknen. Die Birnen waschen, trocknen, vierteln und das Kerngehäuse entfernen. Die Birne in dünne Scheiben schneiden und mit dem Feldsalat auf vier Tellern verteilen. Aus den restlichen Zutaten im Mixer eine cremige Sauce herstellen. Den Grünkern lauwarm oder kalt in die Mitte der Salatteller setzen. Den Salat mit der fertigen Sauce beträufeln.

Salat mit Bulgur (KH)

Zutaten:
100 g Bulgur
1 Zwiebel
250 g Tomaten
150 g Feldsalat
2 Bund Petersilie
3 EL Olivenöl
2 EL Zitronensaft
Salz
schwarzer Pfeffer

Zubereitung:
Den Bulgur abends in kaltem Wasser einweichen und zugedeckt über Nacht stehen lassen. Am nächsten Tag die Zwiebel schälen und fein hacken. Die Tomaten waschen, Stielansätze entfernen und würfeln. Den Feldsalat waschen und verlesen. Die

Petersilie waschen, trockentupfen und fein hacken. Alle Zutaten mit dem Bulgur vermengen. Olivenöl mit Zitronensaft verrühren und mit Salz und Pfeffer würzen. Die Sauce über den Salat verteilen und gut durchmischen

Gemischter Salat mit Frischkäse (KH)

Zutaten:
1 Tasse Dinkel
1 Würfel Gemüsebrühe
1/2 Eissalat
je 1 rote, gelbe, grüne Paprikaschote
4 Tomaten
1 Zwiebel
1/4 Salatgurke
1 Fenchelknolle
12 schwarze Oliven
5 EL Olivenöl
3 EL Zitronensaft
150 g Frischkäse
einige Blätter Zitronenmelisse
Salz
schwarzer Pfeffer

Zubereitung:
Den Dinkel mindestens acht Stunden einweichen, mit der doppelten Menge Wasser, vermischt mit der Gemüsebrühe, aufsetzen und 30 Minuten kochen, anschließend 30 Minuten ausquellen lassen. Die Salatblätter unter fließendem Wasser abspülen, trocknen und in mundgerechte Stücke zerteilen. Die Paprikaschoten halbieren, das Innere herausschneiden, Paprikaschoten waschen, trocknen und

in schmale Streifen schneiden. Tomaten waschen, trocknen, Stielansatz entfernen, achteln. Die Zwiebel schälen und in Ringe schneiden. Gurke waschen und halbieren, die Kerne mit einem Teelöffel herausschaben. Gurkenhälften noch einmal halbieren und in Scheiben schneiden. Das Fenchelgrün von der Knolle abschneiden, waschen, trocknen und beiseite legen. Die Fenchelknolle waschen, vierteln und in dünne Scheiben schneiden. Das Salatgemüse mit dem abgekühlten Dinkel und den Oliven in einer großen Schüssel mischen. Das Olivenöl mit dem Zitronensaft und dem Ziegenfrischkäse cremig aufschlagen. Die Melisseblätter waschen und trocknen, einige Blätter in Streifen schneiden und in die Sauce geben. Zum Schluss mit Salz und Pfeffer abschmecken. Den Salat mit der Sauce mischen und 30 Minuten ziehen lassen; mit den restlichen Melisseblättern und dem Fenchelgrün garnieren.

Paprikasalat mit Sojabohnensprossen (E)

Zutaten:
300 g Sojabohnensprossen
je 2 rote, grüne und gelbe Paprikaschoten
7 EL Olivenöl
1 Gemüsezwiebel
3 EL Apfelessig
Salz
schwarzer Pfeffer
1 Knoblauchzehe
2 EL Sojasauce
2 EL Sherry
1 Prise Curry

Zubereitung:
Die Sojabohnensprossen unter fließendem Wasser abspülen. Paprikaschoten halbieren, die Kerne entfernen, Paprikaschoten waschen, trockentupfen und in schmale Streifen schneiden. 1 EL Olivenöl in einer Pfanne erhitzen. Die Zwiebel schälen, halbieren und in dünne Ringe schneiden. Die Zwiebelringe in dem heißen Öl dünsten. Aus 6 EL Olivenöl, dem Apfelessig, Salz und Pfeffer eine cremige Sauce rühren. Die Paprikastreifen mit der Sauce und den gedünsteten Zwiebelringen mischen. Mindestens zwei Stunden ziehen lassen. Die Knoblauchzehe schälen und fein hacken, mit der Sojasauce, dem Sherry und etwas Curry mischen, die Sojabohnensprossen dazugeben und 5 Minuten in einer Pfanne dünsten, kühl stellen. Die Sojabohnensprossen unter die Paprikastreifen mischen.

Tipp:
In Bioläden erhalten Sie Sojasauce, die weder Zucker noch Konservierungsstoffe enthält.

Matjessalat (E)

Zutaten:
4 Matjesfilets
100 ml Sahne
100 g Joghurt
Saft von 1/2 Zitrone
1 Zwiebel
je 1 Bund Dill, Petersilie und Schnittlauch
Salz, schwarzer Pfeffer,
1 Salatgurke
1 Bund Radieschen

Zubereitung:
Die Matjesfilets je nach Salzgehalt einige Zeit wässern, dabei kalt stellen. Die Sahne steif schlagen und mit dem Joghurt und dem Zitronensaft verrühren. Die Zwiebel schälen, fein würfeln und in die Sauce geben. Die Kräuter waschen, trockentupfen und fein hacken. Die Kräuter mit der Sauce mischen und anschließend mit Salz und Pfeffer abschmecken. Die Gurke schälen, längs halbieren und die Kerne mit einem Löffel herausschaben. Die Gurke in feine Scheiben schneiden. Die Radieschen putzen, waschen und in Scheiben schneiden. Die Matjesfilets trockentupfen und in mundgerechte Stücke schneiden. Matjes mit Gurke und Radieschen auf Tellern anrichten und jeweils Sauce darauf verteilen.

Eiersalat (E)

Zutaten:
4 Eier
200 g Champignons
2 EL Distelöl
100 ml Sahne
Saft von 1/2 Zitrone
1 TL Kräutersenf
1 Bund Schnittlauch
1 Bund Petersilie
Salz, weißer Pfeffer
Muskatnuss

Zubereitung:
Die Eier hart kochen, abkühlen lassen, schälen und in Scheiben schneiden. Die Champignons putzen

und in feine Scheiben schneiden. Öl, Sahne, Zitronensaft und Senf zu einer cremigen Sauce verrühren. Schnittlauch und Petersilie waschen, trockentupfen und fein hacken. Die Kräuter unter die Sauce rühren. Die Sauce mit Salz, Pfeffer und Muskatnuss abschmecken. Eier und Champignons vorsichtig mischen und die Sauce darübergeben.

Käsesalat (E)

Zutaten:
2 gelbe und 2 rote Paprikaschoten
1 Zwiebel
200 g Tomaten
200 g Emmentaler Käse
100 ml Sahne
1 EL Distelöl
Saft von 1/2 Zitrone
Salz

Zubereitung:
Paprika waschen, halbieren, das Kerngehäuse entfernen und Paprikaschoten in Streifen schneiden. Die Zwiebel schälen und in Ringe schneiden. Die Tomaten waschen, Stielansätze entfernen, Fruchtfleisch in Würfel schneiden. Den Käse ebenfalls in kleine Würfel schneiden und mit den anderen Zutaten mischen. Die Sahne mit dem Öl und dem Zitronensaft zu einer Sauce verrühren, mit Salz abschmecken und mit dem Gemüse sorgfältig vermengen.

Tipp:
Ideal als kleine Abendmahlzeit.

Geflügelsalat (E)

Zutaten:
300 g Hähnchenbrustfilet
Salz
schwarzer Pfeffer
1 TL Koriander, gemahlen
3 EL kaltgepresstes Sonnenblumenöl
200 g frische Ananas
1 Kohlrabi
2 Stangen Sellerie
2 Möhren
2 Zweige Estragon
1 Bund Petersilie
3 EL Apfelessig

Zubereitung:
Das Hähnchenfilet kalt abwaschen, trockentupfen und fein schnetzeln. Mit Salz, Pfeffer und dem Koriander würzen. 1 TL Öl in einer Pfanne bei mittlerer Hitze erhitzen. Das Fleisch darin unter Rühren etwa 2 Minuten anbraten. Herausnehmen und abkühlen lassen. Die Ananas schälen und würfeln. Den Kohlrabi schälen und in Stifte schneiden. Den Sellerie waschen, putzen und in dünne Scheiben schneiden. Die Möhren putzen, schälen und ebenfalls in Stifte schneiden. Die Kräuter kurz waschen, trockentupfen und fein hacken. Mit Essig, Salz und Pfeffer verrühren, dann das restliche Öl unterschlagen. Das Fleisch, die Ananas und das Gemüse in der Marinade wenden. Den Salat mit Salz und Pfeffer abschmecken. Kurz ziehen lassen.

Tipp:
Geflügelsalat darf nicht zu lange aufbewahrt werden.

Nudelsalat (KH)

Zutaten:
250 g Vollkornnudeln
250 g Tomaten
1 Bund Frühlingszwiebeln
2 Zucchini
250 g Möhren
1 kleiner Bd. Petersilie
1 Bund Schnittlauch
4 EL Olivenöl
1 EL Apfelessig
Saft von 1 Zitrone
1 TL Kräutersenf
Salz
schwarzer Pfeffer

Zubereitung:
Die Vollkornnudeln in Salzwasser bissfest kochen. Tomaten waschen, Stielansätze entfernen und das Fruchtfleisch in kleine Würfel schneiden. Frühlingszwiebeln putzen und mit dem Grün fein schneiden. Zucchini und Möhren waschen und jeweils in Stifte schneiden. Die Kräuter waschen, trockentupfen und anschließend fein hacken. Öl, Essig, Senf und Zitronensaft gut zu einer Sauce verrühren. Mit Salz und Pfeffer abschmecken. Die Nudeln mit dem Gemüse und der Sauce vermischen und im Kühlschrank ungefähr 90 Minuten durchziehen lassen.

Tipp:
Unbedingt immer die Kochzeit der Nudeln beachten, denn Vollkornnudeln werden sehr schnell zu weich!

Suppen

Möhrencremesuppe (KH)

Zutaten:
500 g Möhren
2 EL Sonneblumenöl, kaltgepresst
1/2 l Gemüsebrühe
2 EL Dinkelmehl
1/8 l Sahne
4 EL Hefeflocken
1 Msp. Curry
Pfeffer aus der Mühle
Kräutersalz
2 EL feingehackte Petersilie

Zubereitung:
Die Möhren schälen und raspeln. Das Öl in einem Topf erhitzen, die Möhren darin kurz andünsten. Mit Gemüsebrühe aufgießen und 10 Minuten köcheln lassen. Das Dinkelmehl mit 150 ml kaltem Wasser anrühren und unter kräftigem Rühren mit dem Schneebesen in die Suppe geben. Die Suppe unter Rühren zum Kochen bringen, dann die Hitze reduzieren. Sahne, Hefeflocken und Curry zugeben und alles mit dem Pürierstab cremig mixen. Die Suppe mit Pfeffer und Kräutersalz abschmecken. Mit Petersilie bestreut servieren.

Zucchinicremesuppe (N)

Zutaten:
1 Zwiebel
2 Knoblauchzehen
20 g Butter
300 g Zucchini

Kräutersalz
weißer Pfeffer
150 g Crème fraîche
3/4 l Gemüsebrühe
Worcestersauce
1 kleiner Bund Basilikum

Zubereitung:
Zwiebel und Knoblauch schälen und fein hacken. Die Butter in einem Topf zerlassen und Zwiebel und Knoblauch darin glasig braten. Zucchini waschen, putzen und auf der Gemüsereibe raspeln. Zur Zwiebel-Knoblauch-Mischung geben und alles 10 Minuten dünsten. Mit Kräutersalz und Pfeffer würzen. Die Crème fraîche unterrühren. Die Masse mit dem Mixstab pürieren, mit der Gemüsebrühe aufgießen und 5 Minuten köcheln lassen. Suppe nochmals kurz durchmixen und mit Kräutersalz, Pfeffer und Worcestersauce abschmecken. Das Basilikum kurz abspülen, trockentupfen und in Streifen schneiden.
Vor dem Servieren noch ein wenig von dem vorbereiteten Basilikum darüberstreuen.

Paprikarahmsuppe (KH)

Zutaten:
2 kleine Zwiebeln
2 rote und 2 gelbe Paprikaschoten
1 EL Butter
2 EL Weizenvollkornmehl (fein gemahlen)
3/4 l Gemüsebrühe
100 ml süße Sahne
1/2 Bund frische Petersilie

Zubereitung:
Die Zwiebeln schälen und fein hacken. Die Paprika waschen, halbieren, entkernen und in feine Streifen schneiden. Die Butter in einem Topf erhitzen, Zwiebeln und Paprika 5 Minuten darin andünsten. Das Vollkornmehl hinzufügen, leicht anschwitzen und die Gemüsebrühe unter Rühren aufgießen. Alles mit schwacher Hitze etwa 10 Minuten köcheln lassen. Die Suppe mit einem Schneidstab pürieren und mit der Sahne verfeinern. Die frische Petersilie feinhacken und auf die Suppe streuen.

Gemüsesuppe (KH)

Zutaten:
2 Zwiebeln
2 Knoblauchzehen
1 kg Kartoffeln
400 g Möhren
2 Stangen Lauch
350 g Zucchini
1 rote, 1 gelbe und 1 grüne Paprikaschote
2 EL Butter
11/2 l Gemüsebrühe
3 EL frische Majoranblättchen
Salz
frisch gemahlener schwarzer Pfeffer
1/2 Bund Petersilie

Zubereitung:
Die Zwiebeln und die Knoblauchzehen schälen und fein hacken. Die Kartoffeln und die Möhren waschen, schälen und würfeln. Den Lauch putzen, gründlich waschen und fein schneiden. Die Zucchini

waschen und in feine Würfel schneiden. Die Paprikaschoten waschen, halbieren, entkernen und in feine Streifen schneiden. Die Butter in einem Topf erhitzen und Zwiebeln und Knoblauch bei milder Hitze darin einige Minuten dünsten. Das klein geschnittene Gemüse und den Majoran dazugeben und unter Rühren langsam die Brühe hinzugießen. Aufkochen lassen. Den Topf schließen und das Gemüse bei geringer Hitze etwa 20 Minuten garen. Die Suppe mit Salz und Pfeffer abschmecken und mit der Petersilie bestreut servieren.

Blumenkohlsuppe (N)

Zutaten:
750 g Blumenkohl
2 EL Butter
1 l Gemüsebrühe
4 EL Sahne
Salz
frisch gemahlener schwarzer Pfeffer
frisch geriebene Muskatnuss

Zubereitung:
Den Blumenkohl putzen, waschen und in kleine Röschen zerteilen. Die Butter in einem Topf erhitzen, den Blumenkohl darin unter ständigem Rühren und Wenden kurz anbraten. Die Gemüsebrühe hinzugeben und bei schwacher Hitze zugedeckt etwa 10 Minuten köcheln lassen. Die Suppe pürieren. Zum Schluss die Sahne hinzufügen und die Suppe noch einmal erhitzen, aber nicht mehr zum Kochen bringen. Mit Salz, Pfeffer und Muskatnuss abschmecken.

Kartoffelsuppe mit Kresse (KH)

Zutaten:
750 g Kartoffeln
1 Zwiebel
1 EL Butter
1 l Gemüsebrühe
250 ml Sahne
Salz
frisch gemahlener weißer Pfeffer
2 Kästchen Gartenkresse

Zubereitung:
Die Kartoffeln schälen, waschen und in der Küchenmaschine oder auf einer Kartoffelreibe reiben. Die Zwiebel fein hacken. Die Butter in einem Topf erhitzen und die Zwiebel darin bei schwacher Hitze dünsten. Die Kartoffeln hinzufügen und unter Rühren kurz anbraten. Die Gemüsebrühe und etwa die Hälfte der Sahne dazugeben. Die Suppe mit Salz und Pfeffer würzen, einmal aufkochen und zugedeckt bei schwacher Hitze etwa 15 Minuten garen, bis die Kartoffeln weich sind. Inzwischen die restliche Sahne steif schlagen. Die Kresseblätter mit einer Küchenschere abschneiden und unter die geschlagene Sahne mischen. Die Suppe in vorgewärmte Teller füllen und die Kressesahne darauf verteilen.

Buchweizensuppe (KH)

Zutaten:
150 g Buchweizen
1 l Gemüsebrühe

2 Stangen Lauch
4 Möhren
100 ml Sahne
100 ml saure Sahne
2 TL Zitronensaft
1/2 Bund Petersilie
1/2 Bund Schnittlauch
3 EL frischer Majoran
Salz
frisch gemahlener weißer Pfeffer

Zubereitung:
Den Buchweizen in die heiße Gemüsebrühe geben und quellen lassen, während das Gemüse angefertigt wird. Den Lauch und die Möhren waschen und putzen. Den Lauch in dünne Ringe schneiden und die Möhren fein würfeln. Das Gemüse in die Brühe geben und aufkochen. Alles zugedeckt etwa 7 bis 10 Minuten bei schwacher Hitze kochen, bis das Gemüse bissfest ist. Die süße und die saure Sahne, den Zitronensaft und die fein gehackten Kräuter in die Suppe geben, salzen und pfeffern.

Gemüsesuppe mit Fisch (E)

Zutaten:
1 Zwiebel, 2 Stangen Lauch
500 g reife Tomaten
2 rote und 1 gelbe Paprikaschoten
50 g Butter
2 TL getrockneter Thymian
11/2 l Gemüsebrühe
750 g Heilbuttfilet
Salz, 50 ml saure Sahne

Zubereitung:
Die Zwiebel schälen, den Lauch putzen und gründlich waschen. Beides in feine Ringe schneiden. Die Tomaten kreuzweise einritzen, kurz in kochendem Wasser überbrühen, enthäuten, von den Stielansätzen befreien und in Würfel schneiden. Die Paprikaschote waschen, trockenreiben, halbieren, entkernen und fein würfeln. Die Butter in einem großen Topf erhitzen und die Zwiebel darin glasig dünsten. Lauch, Tomaten und Paprika und den Thymian hinzufügen. Alles unter Rühren einige Minuten schmoren lassen. Mit der Gemüsebrühe auffüllen. Den Topf schließen und alles zusammen etwa 5 Minuten dünsten.
Inzwischen den Fisch abspülen, salzen und in mundgerechte Stücke schneiden. Den Fisch in die Suppe geben und alles 10 Minuten auf kleiner Flamme köcheln lassen. Die Suppe auf Teller verteilen und in die Mitte jeweils etwas saure Sahne geben.

Tomaten-Zucchini-Suppe (N)

Zutaten:
750 g reife Tomaten
500 g Zucchini
1 Zwiebel
2 Knoblauchzehen
2 EL kaltgepresstes Olivenöl
1/2 l Gemüsebrühe
100 g Crème fraîche
Salz
frisch gemahlener weißer Pfeffer
1/2 Bund Petersilie

Zubereitung:
Die Tomaten mit kochendem Wasser überbrühen, häuten und würfeln. Dabei die Stielansätze entfernen. Die Zucchini waschen und in bleistiftdicke Stifte schneiden. Die Zwiebel und den Knoblauch schälen und fein hacken. Das Öl in einem Topf erhitzen. Die Zwiebel und den Knoblauch darin bei schwacher Hitze unter Rühren anbraten. Die Tomaten dazugeben und etwa 5 Minuten schmoren. Die Gemüsebrühe und die Crème fraîche hinzugeben. Die Suppe mit Salz und Pfeffer abschmecken und einmal aufkochen. Die Zucchini hinzufügen. Die Suppe zugedeckt bei schwacher Hitze etwa 4 Minuten kochen lassen, bis die Zucchini bissfest sind. Die Petersilie waschen und fein hacken. Die Suppe mit der Petersilie bestreut servieren.

Tomatensuppe (N)

Zutaten:
1 kg Tomaten
1 Zwiebel
1 Knoblauchzehe
3 EL Olivenöl
Salz, frisch gemahlener schwarzer Pfeffer
je 1 Prise getrockneter Thymian und Rosmarin
1 l Gemüsebrühe
2 EL saure Sahne
50 g Parmesan

Zubereitung:
Die Tomaten waschen, Stielansätze entfernen und klein schneiden. Die Zwiebel und den Knoblauch

schälen und fein hacken. Das Öl in einem Topf langsam erhitzen, Zwiebel und Knoblauch darin glasig dünsten. Tomaten und Kräuter hinzufügen und mit Salz und Pfeffer abschmecken. 20 Minuten bei niedriger Temperatur köcheln lassen und gelegentlich alles umrühren. Dann die Gemüsebrühe hinzufügen und alles weitere 5 Minuten kochen lassen. Die Suppe durch ein Sieb passieren und anschließend wieder erhitzen. Die saure Sahne unterrühren. Den Parmesan fein reiben, die Suppe auf Teller verteilen und den Parmesan zum Abschluss darüberstreuen.

Knoblauchsuppe (N)

Zutaten:
6 Knoblauchzehen
2 EL Olivenöl
1 l Gemüsebrühe
1 Lorbeerblatt
2 Eigelb
Salz
frisch gemahlener schwarzer Pfeffer

Zubereitung:
Die Knoblauchzehen schälen und sehr fein hacken. Das Olivenöl in einem Topf erhitzen und den Knoblauch darin braten, bis er goldgelb ist. Mit der Gemüsebrühe auffüllen und das Lorbeerblatt dazugeben. Die Suppe zugedeckt etwa 15 Minuten köcheln lassen. Das Eigelb auf einem Teller verquirlen, 2 EL der Knoblauchsuppe unterrühren und die Suppe damit binden. Je nach Geschmack mit Pfeffer und Salz würzen.

Kalte Gurkensuppe mit Krabben (E)

Zutaten:
1 Salatgurke
500 g Joghurt
50 ml Sahne
200 g Krabben
1 Knoblauchzehe
Salz
frisch gemahlener schwarzer Pfeffer
1/2 Bund Petersilie
1/2 Bund Dill

Zubereitung:
Die Salatgurke schälen, der Länge nach halbieren und die Kerne mit einem Löffel herausschaben. Die Hälften in dünne Streifen schneiden. Den Joghurt und die Sahne verquirlen, die Gurke und die Krabben unterheben. Die Knoblauchzehe schälen und durch eine Knoblauchpresse drücken. Den Knoblauch mit Salz und Pfeffer an die Suppe geben. Die Suppe kühl stellen. Zum Servieren auf Teller verteilen und mit den feingehackten Kräutern bestreuen.

Gazpacho (N)

Zutaten:
500 g Tomaten
2 Zwiebeln
2 Knoblauchzehen
1 Salatgurke
1 grüne und 1 rote Paprikaschote
3 EL Olivenöl

1 EL Obstessig
Salz
Pfeffer

Zubereitung:
Gazpacho ist eine spanische Gemüsesuppe, die kalt zubereitet und serviert wird; besonders empfehlenswert an heißen Sommertagen. Die Tomaten waschen, Stielansätze entfernen. Zwiebeln und Knoblauchzehen schälen und grob hacken. Die Gurke schälen, halbieren und mit einem Löffel die Kerne entfernen. Paprikaschoten waschen, halbieren, Kerngehäuse entfernen und Paprika in Stücke schneiden. Alles in den Mixer geben, Öl und Essig hinzufügen und pürieren. Mit Salz und Pfeffer würzen.

Tipp:
Zu dieser Suppe passen als Ergänzung sehr gut Weißbrotwürfel, die in einer Pfanne mit Butter geröstet wurden.

Zwiebelsuppe (KH)

Zutaten:
200 g mittlere Zwiebeln
30 g Butter
1 l Gemüsebrühe
40 g feingeschroteter Weizen
Salz
schwarzer Pfeffer
geriebene Muskatnuss
3 Scheiben Vollkornbrot
40 g Butter

Zubereitung:
Die Zwiebeln schälen und in dünne Ringe schneiden. Butter in einen Topf geben und die Zwiebeln mit etwas Wasser darin goldgelb rösten. 1 l Gemüsebrühe in einem zweiten Topf erhitzen, den fein geschroteten Weizen unterrühren und 5 Minuten kochen. Mit Salz, Pfeffer und Muskatnuss abschmecken. Das Brot würfeln, in der heißen Butter-Zwiebel-Mischung einige Minuten unter ständigem Wenden rösten. Das Brot mit den Zwiebeln in die Suppe rühren.

Tipp:
füllen Sie die Suppe in feuerfeste Suppentassen und streuen Sie geriebenen Käse (z. B. Emmentaler) darüber. Im vorgeheizten Backofen bei 200 Grad kurz überbacken, bis der Käse zerlaufen ist.

Kalte und warme Snacks

Kräutermousse (N)

Zutaten:
4 Blatt weiße Gelatine
1 Bund Petersilie
1 Bund gemischte Kräuter (Schnittlauch, Dill, Kerbel, Kresse)
150 g Joghurt
1/8 l Sahne
Kräutersalz
Pfeffer aus der Mühle
300 g Cocktailtomaten
3 EL Olivenöl, kaltgepresst
1 TL Weinessig

Zubereitung:
Die Gelatine nach Packungsvorschrift einweichen. Kräuter waschen, trockentupfen und fein hacken. Den Joghurt cremig rühren, Kräuter unterrühren. Gelatine tropfnass bei schwacher Hitze auflösen und unter den Joghurt rühren.
Die Sahne steif schlagen und unterziehen. Masse mit Salz und Pfeffer abschmecken. Zugedeckt 3 Stunden in den Kühlschrank stellen. Die Tomaten waschen und halbieren. Das Olivenöl mit Essig verrühren, über die Tomaten träufeln, alles gut vermischen und salzen und peffern. Von der Kräutermousse esslöffelgroße Nocken abstechen und mit den Tomaten auf vier Tellern anrichten.

Tipp:
Diesen kleinen Imbiss können Sie vor einer Eiweißmahlzeit, einer Kohlenhydratmahlzeit oder vor einer neutralen Mahlzeit servieren. Als Snack eignet er sich auch für den kleinen Hunger.

Brotaufstrich: Avocadocreme (N)

Zutaten:
2 Avocados
1 Zwiebel
1 Bund Schnittlauch, fein geschnitten
1 EL Olivenöl
Salz und Pfeffer

Zubereitung:
Die Avocados müssen reif sein, die Schale muss man mit dem Finger eindrücken können. Die Avocados der Länge nach halbieren, den Kern entfernen. Das Fruchtfleisch auslöffeln und mit einer Gabel zerdrücken. Die Zwiebel fein hacken, mit den anderen Zutaten zum Fruchtfleisch geben und alles verrühren.

Tipp:
Zusammen mit Vollkornbrot ein schnelles und leckeres Abendessen! Im Sommer können Sie auch eine in Würfel geschnittene Tomate hinzufügen. Das gibt Geschmack und Farbe!

Vollkornknäckebrot mit Käse und Tomaten (KH)

Zutaten:
8 Scheiben Vollkornknäckebrot
Butter zum Bestreichen
8 Scheiben Butterkäse (oder einen anderen Schnittkäse, der 60 % Fett i. Tr. enthält)
4 Tomaten
Salz, 1 Bund Schnittlauch

Zubereitung:
Das Knäckebrot mit der Butter bestreichen und dem Käse und den in Scheiben geschnittenen Tomaten belegen. Salzen und mit dem klein geschnittenen Schnittlauch garnieren.

Tipp:
Dieser Snack lässt sich besonders leicht am Arbeitsplatz zubereiten, weil alle Zutaten mitgenommen werden können. Damit die dünnen Knäckebrotscheiben beim Schmieren nicht zerbrechen, legen Sie zwei oder mehr Scheiben aufeinander!

Radieschenbrot (KH)

Für 1 Person:

Zutaten:
5 Radieschen
2 EL Hüttenkäse
1 Scheibe Vollkornbrot
Schnittlauch
Paprikapulver (edelsüß)

Zubereitung:
Die Radieschen waschen und in feine Scheiben schneiden. Den Hüttenkäse auf das Brot streichen und mit den Radieschen belegen. Mit einigen Röllchen Schnittlauch garnieren und mit dem Paprikapulver würzen.

Tipp:
Dies ist ebenfalls ein leichter, erfrischender Snack für heiße Tage.

Vollkornbrote mit Rohkost (KH)

Zutaten:
4 Scheiben Vollkornbrot
100 g Frischkäse
1 Bund Radieschen
250 g Tomaten
1 Salatgurke
1 Hand voll gemischte Kräuter (z. B. Dill, Schnittlauch, Kerbel, Zitronenmelisse)
125 g saure Sahne
1 EL Joghurt
Salz
frisch gemahlener schwarzer Pfeffer

Zubereitung:
Die Brote mit dem Frischkäse bestreichen. Die Radieschen und die Tomaten waschen, abtrocknen, in Scheiben schneiden und jeweils ein Drittel der Brotscheiben damit belegen. Die Gurke schälen, raspeln und ebenfalls auf den Broten verteilen. Die Kräuter verlesen, waschen, trockentupfen und fein hacken. Die saure Sahne mit dem Joghurt verrühren, dann nach und nach Salz, Pfeffer und die Kräuter dazugeben. Zum Schluss das Ganze vorsichtig auf den Broten verteilen.

Sanddorn-Joghurt (E)

Zutaten:
500 g Naturjoghurt
4 EL Sanddornsaft (in Reformhäusern erhältlich)
Saft von 1 mittelgroßen Zitrone
2 EL flüssiger Honig

Zubereitung:
Joghurt mit dem Sanddorn, Zitronensaft und dem Honig in einem Mixer gut verquirlen und auf dekorative Schälchen oder Gläser verteilen.

Tipp:
Diese Zwischenmahlzeit schmeckt auch gut mit Kefir oder Quark.

Paprika-Käse-Quark (KH)

Zutaten:
1 Bund Schnittlauch
4 rote Paprikaschoten
200 g Brie (60 % Fett i. Tr.)
500 g Quark
1 TL Salz

Zubereitung:
Den Brie mit einer Gabel zerdrücken. Quark und Brie verrühren. Schnittlauch waschen, trockentupfen und in Röllchen schneiden. Die Paprikaschoten waschen, halbieren, das Kerngehäuse entfernen und die Paprikaschoten in kleine Würfel schneiden. Die Paprikawürfel und den Schnittlauch zum Käse geben und untermischen. Je nach Geschmack mit Salz würzen.

Tipp:
Dieser Paprikaquark lässt sich gut vorbereiten und mitnehmen. Zusammen mit Vollkornbrot eine gute Zwischenmahlzeit.
Als Häppchen werden solche Vollkornscheiben auch Ihren Gästen schmecken.

Sellerieschnitzel (N)

Zutaten:
500 g Sellerie
Salz
Öl
Sesamsamen

Zubereitung:
Den Sellerie schälen und in fingerdicke Scheiben schneiden. Einen Topf mit Wasser füllen, Salz hinzugeben und die Selleriescheiben mehrere Minuten kochen, bis sie fast gar sind. Öl in einer Pfanne erhitzen. Die Scheiben aus dem Wasser herausnehmen und auf beiden Seiten in Sesamsamen wälzen. In die heiße Pfanne geben und kurz anbraten, wenden und fertigbraten.

Tipp:
Dazu passt Salat. Wenn Sie die gekochten Selleriescheiben zunächst in einem verquirlten Ei wälzen, haftet der Sesamsamen besser. Das Sellerieschnitzel gehört dann allerdings zu den Eiweiß-Gerichten.

Quarkpuffer (KH)

Zutaten:
1 Zwiebel
250 g Quark
150 g Weizenvollkornmehl
1 Eigelb, 200 ml Milch
Salz, Pfeffer
Butterschmalz zum Backen

Zubereitung:
Die Zwiebel schälen und fein hacken. In einer Schüssel mit den anderen Zutaten zu einem Teig verrühren und etwa 30 Minuten ruhen lassen. Butterschmalz in einer Pfanne erhitzen und die Puffer darin ausbacken.

Champignons in Sahnesauce (N)

Zutaten:
2 Zwiebeln
500 g Champignons
3 EL Butter
250 ml saure Sahne
Salz
frisch gemahlener schwarzer Pfeffer
1/2 Bund Petersilie

Zubereitung:
Die Zwiebeln schälen und würfeln. Die Champignons putzen, waschen und in Scheiben schneiden. Die Butter in einem Topf erhitzen und die Zwiebeln glasig dünsten. Die Champignons dazugeben und zugedeckt bei niedriger Temperatur 5 Minuten dünsten. Die saure Sahne zugießen und mit Salz und Pfeffer abschmecken. Umrühren und nicht mehr kochen lassen. Die Petersilie waschen, fein hacken und über das Gericht streuen.

Tipp:
Diese neutrale Gemüsebeilage kann schnell zubereitet werden und passt sowohl zu Eiweißgerichten (z. B. Fleisch oder Geflügel) als auch zu kohlenhydratreichen Mahlzeiten (z. B. mit Kartof-

feln, Reis oder Nudeln). Sie können auch die doppelte Menge herstellen und mit der zweiten Portion kalt ein schnelles Abendessen zubereiten; mit Vollkornbrot servieren.

Eiweißreiche Hauptgerichte

Putenschnitzel italienisch (E)

Zutaten:
1/2 Bund Basilikum
1/2 Bund Petersilie
3–4 Knoblauchzehen
1 EL Olivenöl, kaltgepresst
160 g Mozzarella
Kräutersalz
Pfeffer aus der Mühle
4 Putenschnitzel
Olivenöl zum Braten

Zubereitung:
Die Kräuter waschen, trockentupfen und fein hacken. Den Knoblauch schälen, durch die Presse zu den Kräutern drücken. Das Olivenöl untermischen. Mozzarella abtropfen lassen und in acht Scheiben teilen. Beidseitig mit Salz und Pfeffer würzen. Die Kräutermischung auf vier Käsesscheiben streichen, die restlichen vier Käsescheiben darauf legen. Die Putenschnitzel waschen, trockentupfen und anschließend salzen und pfeffern. Auf eine Hälfte jedes Putenschnitzels ein Käsepäckchen legen, die zweite Schnitzelhälfte dann darüberklappen und die Schnitzel mit Zahnstochern feststecken. Olivenöl in einer Pfanne langsam erhitzen, die Schnitzel darin beidseitig in je 5 Minuten anbraten. Dann bei mittlerer Hitze in weiteren 8 Minuten fertig braten.

Tipp:
Dazu passt ganz hervorragend eine Tomatensauce und als Beilage beispielsweise Fenchelgemüse.

Omelett mit Zucchini (E)

Für 2 Personen:

Zutaten:
1 große Zwiebel, 3–4 Zucchini (etwa 500 g)
2 Knoblauchzehen
4 Eier
Salz, Pfeffer
3 EL Olivenöl
1 TL Oregano

Zubereitung:
Die Zwiebel in dünne Ringe schneiden, Zucchini waschen und in dünne Scheiben schneiden, den Knoblauch fein hacken. Die Eier verquirlen und mit Salz und Pfeffer würzen. Das Olivenöl in einer Pfanne erhitzen und die Zwiebelringe dünsten. Die Zucchinischeiben hinzufügen, ab und zu wenden und leicht braun anbraten. Den Knoblauch und Oregano unterrühren. Die Eier darübergießen, die Pfanne zudecken und das Omelett 5 Minuten stocken lassen.

Tipp:
Statt mit Zucchini können Sie das Omelett auch mit frischen Champignons oder einer roten Paprikaschote, in feine Streifen geschnitten, zubereiten.

Rührei mit Krabben (E)

Zutaten:
6 Eier
50 ml Milch

Salz
1 EL Butter
200 g gekochte Krabben

Zubereitung:
Die Eier aufschlagen und auf einen tiefen Teller oder in eine kleine Schüssel gleiten lassen. Milch und Salz hinzugeben und alles mit einer Gabel kurz verschlagen, bis sich Eiweiß und Eigelb verbinden. Die Butter in einer beschichteten Pfanne bei mittlerer Hitze zerlaufen lassen. Die Eimasse in die Pfanne gießen und leicht stocken lassen. Mit einem Bratenwender das gestockte Ei an den Rand schieben, damit das noch flüssige Ei ebenfalls stockt. Das Rührei nicht zu lange in der Pfanne lassen, sonst wird es trocken und bröckelig. Zusammen mit den Krabben servieren.

Tipp:
Dazu passt Salat.

Rotbarschfilet mit Chicorée (E)

Zutaten:
600 g Rotbarschfilet
Saft von 1 Zitrone
Salz
1 kleine Zucchino, 3 Chicorée
100 ml Sahne
1 TL Curry

Zubereitung:
Den Rotbarsch mit Zitronensaft und Salz würzen. Die Zucchini waschen, putzen und in Scheiben

schneiden. Die Chicoréestauden waschen, den bitteren Strunk am unteren Ende keilförmig herausschneiden und den Chicorée in Streifen schneiden. 200 ml Wasser mit Sahne, 1 EL Zitronensaft, Curry und Salz verrühren. Die Currysauce in einer großen Pfanne aufkochen lassen. Die Rotbarschfilets und die Zucchini dazugeben und alles etwa 5 Minuten in der Sauce köcheln lassen. Den Fisch dabei einmal vorsichtig wenden. Kurz vor Ende der Garzeit den Chicorée unter das Gemüse geben.

Huhn mit süß-saurem Gemüse (E)

Zutaten:
1 Huhn (etwa 1,3 kg)
Salz
2 große und 2 kleine Zwiebeln
10 frische Salbeiblättchen
1 EL Öl
200 g Möhren
200 g Zucchini
200 g grüne Paprikaschote
200 g Champignons
3 EL Sesamöl oder mildes Pflanzenöl zum Braten
Sojasauce (hell oder dunkel)
Sesam
Salz
Pfeffer
nach Geschmack Honig und Zitronensaft

Zubereitung:
Das Huhn in acht Stücke tranchieren und mit Salz würzen. Die zwei großen Zwiebeln schälen und hacken, die Salbeiblättchen waschen, klein schnei-

den. Das Öl erhitzen. Die Hühnerkeulen und -flügel darin bei mittlerer bis starker Hitze etwa 10 Minuten auf beiden Seiten anbraten, dann herausnehmen. Die Hühnerbruststücke pro Seite 2 Minuten anbraten. Die Keulen und die Flügel, die Zwiebel und den Salbei hinzufügen und alles zugedeckt bei schwacher Hitze etwa 15 Minuten schmoren. Inzwischen das Gemüse vorbereiten. Die Möhren, Zucchini und die Paprika putzen und waschen. Die Champignons waschen. Die zwei kleinen Zwiebeln schälen. Die Möhren und Zucchini in feine Stifte, die Zwiebeln in dünne Ringe, die grüne Paprika in schmale Streifen schneiden. Die Champignons in feine Scheiben schneiden. Falls vorhanden, in einem Wok, ansonsten in einer großen, hohen Pfanne das Sesam- oder Pflanzenöl erhitzen und das Gemüse unter ständigem Rühren einige Minuten darin braten, bis es gar ist, aber noch Biss hat. Mit einem guten Schuss Sojasauce, Sesamsamen, Salz und Pfeffer würzen. Nach Geschmack mit Honig und Zitronensaft süß-sauer abschmecken. Das Gemüse mit dem Huhn auf einer Platte verteilen und servieren.

Tipp:
Wer dieses Gericht noch gesünder zubereiten möchte, sollte vor dem Braten die Haut entfernen, da sie sehr fett ist.

Hähnchenfilet in feiner Weinsauce (E)

Zutaten:
4 Hähnchenbrustfilets
2 Schalotten
150 ml trockener Weißwein

1 Zweig Liebstöckel
Salz
Pfeffer
frische Kräuter nach Saison (z. B. Petersilie, Dill, Estragon, Majoran)

Zubereitung:
Die Hähnchenfilets sorgfältig waschen und danach trockentupfen. Die Schalotten schälen und fein hacken. Den Weißwein mit den Schalotten und dem Liebstöckel ungefähr 15 Minuten bei niedriger Hitze köcheln lassen. Danach durch ein Sieb geben. Den Backofen auf 100 Grad vorheizen. Die Hähnchenfilets inzwischen salzen und pfeffern. Die Weinsauce in eine Pfanne gießen und die Filets darin etwa 10 Minuten zugedeckt garen. Zwischendurch immer wieder einmal wenden. Die Hähnchenfilets aus der Pfanne nehmen, dann die fein gehackten Kräuter in die Sauce rühren und einmal aufkochen lassen. Die Filets mit der Sauce servieren.

Tipp:
Dazu passt in Butter gedünstetes Gemüse, z. B. Möhren oder Rosenkohl.

Kalbsfilet mit Champignonsauce (E)

Zutaten:
1 EL kaltgepresstes Pflanzenöl
600 g Kalbsfilet
300 g Zwiebeln
500 g Champignons
1/4 l trockener Weißwein
Salz

Zubereitung:
Den Backofen auf 220 Grad vorheizen. Eine große Auflaufform mit dem Öl auspinseln, das Fleisch hineinlegen und im Ofen auf der mittleren Schiene etwa 20 Minuten braten. Inzwischen die Zwiebeln schälen und in kleine Würfel schneiden. Die Champignons putzen, waschen und vierteln. Nach den 20 Minuten Bratzeit die Zwiebeln und den Wein zum Fleisch geben und die Herdtemperatur auf 200 Grad zurückdrehen. Das Fleisch weitere 10 Minuten garen und öfter mit dem Wein begießen. Die Champignons zum Fleisch geben und alles weitere 20 Minuten garen. Zum Schluss das Fleisch und das Champignongemüse mit Salz abschmecken und servieren.

Gegrillter Schwertfisch mit Lauchgratin (E)

Zutaten:
750 g Lauch
2 EL Butter
125 ml Sahne
2 Eigelb
Salz
Pfeffer
Muskatnuss

Zutaten für den Fisch:
4 Scheiben Schwertfisch
2 EL Olivenöl
Saft von 1 Zitrone
Salz
Pfeffer

Zubereitung:
Lauch putzen, längs halbieren, gründlich waschen und in feine Streifen schneiden. Den Backofen auf 180 Grad vorheizen. Die Butter in einem Topf erhitzen und den Lauch darin kurz dünsten. Sahne mit Eigelb verquirlen und mit Salz, Pfeffer und Muskatnuss würzen. Den Lauch in eine feuerfeste Form geben und die Ei-Sahne-Mischung darübergießen. Im vorgeheizten Backofen 25 bis 30 Minuten überbacken. In der Zwischenzeit den Fisch zubereiten: die Schwertfischscheiben mit etwas Olivenöl einpinseln. Eine Grillpfanne erhitzen und den Fisch bei mittlere Hitze etwa 3 Minuten auf jeder Seite braten. Erst danach salzen und pfeffern.

Tipp:
Damit der Fisch saftig bleibt, 2 EL Olivenöl und 2 EL Zitronensaft mischen und diese Mischung nach dem Grillen über den Fisch gießen.

Gemüsepfanne mit Schafskäse (E)

Für 2 Personen:

Zutaten:
300 g Lauch
200 g Champignons
2 rote Paprikaschoten
1 EL Butter, 1 TL Gemüsebrühe
1 EL Paprikapulver edelsüß
200 g Schafskäse
4 Eier
1 EL Mineralwasser
100 ml Sahne, 1 Bund Schnittlauch

Zubereitung:
Den Lauch putzen, halbieren, sorgfältig waschen und in dünne Scheiben schneiden. Die Champignons putzen, waschen und je nach Größe halbieren oder vierteln. Die Paprikaschoten waschen, halbieren, Kerngehäuse entfernen und Paprikaschoten in feine Streifen schneiden. Die Butter in einer Pfanne zerlassen und das Gemüse darin kurz dünsten. Die Gemüsebrühe und das Paprikapulver daruntermischen. Den Käse zerbröckeln und über das Gemüse verteilen. Die Eier mit etwas Mineralwasser und der Sahne verquirlen und über das gedünstete Gemüse gießen. Die Eimasse in der geschlossenen Pfanne bei niedriger Hitze etwa 10 Minuten stocken lassen. Das Gericht auf zwei Teller verteilen und mit dem feingehackten Schnittlauch garnieren.

Brokkoli überbacken (E)

Zutaten:
11/2 kg Brokkoli
2 EL Butter
1/4 l Gemüsebrühe
150 g Sahne
200 g saure Sahne
Cayennepfeffer
100 g frischer Parmesan am Stück

Zubereitung:
Den Backofen auf 180 Grad vorheizen. Den Brokkoli putzen, waschen und zerteilen. Butter in einem Topf zerlassen und den Brokkoli einige Minuten dünsten. Die Gemüsebrühe mit der süßen und der

sauren Sahne verrühren und mit Cayennepfeffer abschmecken. Den Brokkoli in eine Auflaufform geben und die Sauce darüber gießen. Den Parmesan reiben und auf den Brokkoli streuen. Das Gericht im Backofen 15 bis 20 Minuten überbacken.

Entenbrust mit Esskastanien (E)

Zutaten:
1 Entenbrust (à 300 g)
2 EL Distelöl
Salz
etwas getrockneter Salbei
750 g Rosenkohl
1 EL Gemüse-Hefebrühe
500 g Maronen
3 EL Zuckerrohrgranulat
6 EL Butter
1 Orange

Zubereitung:
Den Backofen auf 180 Grad vorheizen. Die Entenbrust waschen und trockentupfen. Das Öl in einer Pfanne erhitzen, das Fleisch rundherum mit Salz und etwas Salbei einreiben, mit der Hautseite nach unten in das heiße Fett legen, die Hitze verringern und die Ente 5 Minuten braten, wenden und weitere 5 Minuten braten. In Alufolie mit der Hartseite nach oben wickeln und in den vorgeheizten Backofen legen und bei 200 Grad in 30 Minuten fertigbraten. Nach 20 Minuten die Folie öffnen, sodass die Entenhaut knusprig wird. Die Esskastanien (Maronen) mit einem scharfen Messer an dem Boden kreuzweise einritzen und im heißen Back-

ofen 30 bis 40 Minuten rösten, bis die Schale aufgeplatzt ist; die Maronen dann abkühlen lassen. Das Zuckerrohrgranulat mit 1 EL Wasser verrühren und mit der Butter in einer Pfanne erhitzen, bis es karamellisiert. Die Orange heiß abwaschen, abreiben und ungeschält in Scheiben schneiden. Jede Scheibe kurz von beiden Seiten im Karamell wenden und herausnehmen. Anschließend die Maronen im Karamell erhitzen. Die Entenbrust schräg in dünne Scheiben schneiden und mit den Orangenscheiben garnieren.

Lammfilet mit Bohnen-Paprika-Gemüse (E)

Zutaten:
500 g Lammfilet
1 Knoblauchzehe
2 EL Olivenöl
Salz
frischer Thymian (etwa 2 EL)
50 ml Rotwein
Pfeffer
500 g grüne Bohnen
2 rote Paprikaschoten
1 EL Butter
Bohnenkraut

Zubereitung:
Das Lammfilet waschen und trockentupfen. Die Knoblauchzehe durch eine Knoblauchpresse drücken, den Knoblauch mit 1 EL Olivenöl mischen und mit dieser Mischung das Lammfilet einreiben. 1 EL Olivenöl in eine Pfanne geben und erhitzen, das Filet von allen Seiten anbraten und anschließend

salzen. Thymian und den Rotwein dazugeben, die Pfanne schließen und das Fleisch 15 Minuten schmoren lassen. Mit Pfeffer würzen. Während das Fleisch schmort, die Bohnen waschen, putzen und in Salzwasser so lange kochen, bis sie fast gar sind. Die Paprikaschoten waschen, halbieren, entkernen und in dünne Streifen schneiden. In einem Topf Butter erhitzen, Bohnen, Paprika und Bohnenkraut darin etwa 10 Minuten dünsten. Mit Salz abschmecken. Das Fleisch mit dem Gemüse auf Teller anrichten und servieren.

Spinat mit Tofupflänzchen (E)

Zutaten:
400 g Tofu
2 EL Sojasauce
1 TL Salz
1 Bund Petersilie
3 EL Mandelblättchen
1 TL Butterschmalz
2 kg Blattspinat
1 Zwiebel
1 Knoblauchzehe
1 EL Crème fraîche oder süße Sahne

Zubereitung:
Den Tofu mit der Gabel zerbröckeln. Die Sojasauce und das Salz darüber verteilen und ca. 20 Minuten ziehen lassen. Die Petersilie waschen, fein hacken und darüberstreuen. Alles miteinander verkneten, mit feuchten Händen zu Pflänzchen formen. Die Mandelblättchen auf einen Teller geben und die Tofupflänzchen darin panieren. In einer beschichte-

ten Pfanne das Butterschmalz erhitzen. Die Pflänzchen bei mittlerer Hitze von beiden Seiten 2 bis 3 Minuten darin braten. Den Spinat waschen, verlesen und in einem Sieb abtropfen lassen. Die Zwiebel und die Knoblauchzehe schälen. Die Zwiebel in feine Würfel schneiden. Die Knoblauchzehe pressen. Beides in einem Topf mit 1 EL Wasser glasig dünsten. Den Spinat mit 1 Prise Salz hinzufügen. Abgedeckt bei mittlerer Hitze etwa 4 bis 5 Minuten dünsten, bis der Spinat zusammengefallen ist. Anschließend die Crème fraîche oder die Sahne darunterrühren. Den Spinat auf der abgeschalteten Herdplatte noch 2 bis 3 Minuten ziehen lassen. Zum Tofu servieren.

Tofu mit pikantem Sojasprossen-Gemüse (E)

Zutaten:
250 g Tofu
500 g vollreife Tomaten
je eine dünne Stange Lauch und Staudensellerie
2 Zwiebeln
2 Knoblauchzehen
500 g Sojabohnensprossen
2 EL kaltgepresstes Maiskeimöl
350 g Joghurt
je 1/2 TL Gelbwurz (Kurkuma)
Kreuzkümmel (Kumin)
gemahlener Koriander und gemahlener Kümmel
1/4 TL Cayennepfeffer
Saft von 1/2 Zitrone
Salz
1/2 Bund Petersilie

Zubereitung:
Tofu abtropfen lassen und in Würfel schneiden. Die Tomaten mit kochendem Wasser überbrühen, häuten und achteln, dabei die Stielansätze entfernen. Den Lauch und den Sellerie putzen, waschen, abtrocknen und in etwa 2 cm breite Stücke schneiden. Die Zwiebeln schälen und halbieren, die Knoblauchzehen schälen und hacken. Die Sojabohnensprossen kalt abspülen und abtropfen lassen. Das Öl in einem Schmortopf erhitzen. Den Tofu darin rundherum anbraten. Die Zwiebeln und den Knoblauch hinzufügen und nur kurz mitbraten. Die Gemüse, die Sprossen, den Joghurt und die Gewürze daruntermischen. Alles einmal aufkochen und zugedeckt bei schwacher Hitze 10 Minuten garen. Das Curry mit Salz und dem Zitronensaft abschmecken, mit der gehackten Petersilie bestreuen und servieren.

Tipp:
Zum Garnieren: 1 Scheibe Zitrone.

Auberginen-Paprika-Auflauf (E)

Zutaten:
1 TL Butterschmalz
1 kg Auberginen
1 gelbe und 1 rote Paprikaschote
1 Zwiebel
3 EL frischer Majoran
1 Knoblauchzehe
1 EL Olivenöl, 1 EL Joghurt
40 g Parmesan
1 TL Kräutersalz

Zubereitung:
Eine längliche Auflaufform mit dem Butterschmalz einpinseln. Auberginen waschen, Blütenansätze entfernen und in Scheiben schneiden. Paprika halbieren, Kerngehäuse entfernen und Paprikaschoten in Streifen schneiden. Die Zwiebel schälen und fein hacken. Majoran fein hacken. Die Knoblauchzehe schälen und durch eine Knoblauchpresse drücken. Das Olivenöl in einer beschichteten Pfanne bei niedriger Temperatur erhitzen. Bei mittlerer Hitze die Auberginenscheiben von beiden Seiten kurz anbraten. Die Hälfte der Auberginen in die Auflaufform schichten. Zwiebeln und die gepresste Knoblauchzehe in einer zweiten Pfanne glasig dünsten. Paprika, Majoran, Joghurt und Kräutersalz dazugeben und alles miteinander vermischen. Über die geschichteten Auberginen verteilen. Die restlichen Auberginen darüber geben und mit dem geriebenen Parmesan bestreuen. Im vorgeheizten Backofen bei 200 Grad etwa 30 Minuten backen.

Fischgratin mit Gemüse (E)

Zutaten:
500 g vollreife Tomaten
250 g junge Zucchini
1 Bund Frühlingszwiebeln
500 g Seelachsfilet
Saft von 1/2 Zitrone
Salz, frisch gemahlener weißer Pfeffer
2 Knoblauchzehen, 1 Bund Petersilie
1 EL Sesamsamen
50 g Butter
250 g Sahne

Zubereitung:
Die Tomaten waschen, Stielansatze entfernen und in Scheiben schneiden. Die Zucchini waschen, abtrocknen, putzen und in Scheiben schneiden. Die Frühlingszwiebeln putzen, waschen und mit etwa zwei Dritteln des Zwiebelgrüns in 3 cm lange Stücke schneiden. Die Fischfilets in 4 Stücke teilen, mit dem Zitronensaft, Salz und Pfeffer würzen. Den Backofen auf 200 Grad vorheizen. Die Zucchini in eine feuerfeste Form mit flachem Rand legen. Die Frühlingszwiebeln und den Fisch darauf legen und mit den Tomatenscheiben bedecken. Tomaten mit Salz und Pfeffer würzen. Knoblauch schälen und fein hacken. Petersilie waschen, trockentupfen, fein hacken und mit dem Knoblauch, dem Sesam und der Butter verkneten. Die Masse in Flöckchen auf die Tomaten legen. Die Sahne rundherum dazugießen. Die Form auf die mittlere Schiene in den heißen Backofen stellen. Etwa 20 bis 25 Minuten backen.

Fenchel überbacken (E)

Zutaten:
4 Knollen Fenchel
Salz
1 Zitrone
Fett für die Form
3 Tomaten
125 g Mozzarella
1 EL Kürbiskerne
3 Frühlingszwiebeln
1 Bund Petersilie
2 EL Olivenöl

1 EL Semmelbrösel
frisch gemahlener schwarzer Pfeffer
1/2 TL getrockneter Oregano

Zubereitung:
Den Fenchel putzen und dabei die Knollenblätter und Stiele entfernen. Wurzelansatz so abschneiden, dass die Fenchelknolle noch zusammenhält. Fenchel halbieren. 1 Liter Wasser, 1 TL Salz und Zitronensaft aufkochen. Fenchel hineingeben und 12 Minuten bei mittlerer Hitze kochen. Herausnehmen, abtropfen lassen und in eine gefettete feuerfeste Form setzen. Tomaten und Mozzarella in feine Würfel schneiden. Kürbiskerne, Frühlingszwiebeln und Petersilie grob hacken. Mit Tomaten, Mozzarella, Öl und Semmelbröseln vermischen und mit Salz, Pfeffer und Oregano kräftig würzen. Die Käsemischung auf den Fenchelhälften verteilen. Im vorgeheizten Backofen bei 225 Grad etwa 5 Minuten überbacken.

Estragonhähnchenkeulen (E)

Zutaten:
4 Hähnchenkeulen
3 EL Butter
4 Zweige frischer Estragon
200 ml Weißwein
Salz, frisch gemahlener weißer Pfeffer
200 ml Sahne

Zubereitung:
Die Butter in einem Topf zerlassen und die Hähnchenkeulen darin von allen Seiten braun anbraten.

Den Estragon hinzufügen und mit dem Wein ablöschen. Mit Salz und Pfeffer würzen. Die Hähnchenkeulen zugedeckt etwa 30 Minuten schmoren lassen. Zwischendurch wenden. Die Hähnchenkeulen aus dem Topf nehmen und warm stellen. Die Sahne in die Sauce geben und einkochen, bis sie sämig ist. Dann die Sauce über die Hähnchenkeulen passieren und sofort servieren.

Lammkotelett mit grünen Bohnen (E)

Zutaten:
750 g grüne Bohnen
1 Zwiebel
2 Knoblauchzehen
2 EL Butter
1 Zweig frisches Bohnenkraut
125 ml Gemüsebrühe
Salz
8 Lammkoteletts
frisch gemahlener schwarzer Pfeffer
2 TL getrockneter Thymian
3 EL Öl

Zubereitung:
Die grünen Bohnen waschen, putzen und in mundgerechte Stücke schneiden. Die Zwiebel schälen und fein hacken, den Knoblauch schälen und eine Zehe durch eine Knoblauchpresse drücken. Die Butter in einem großen Topf zerlassen und die Zwiebel, den Knoblauch und die Bohnen darin 3 Minuten dünsten. Das Bohnenkraut dazugeben und mit der heißen Gemüsebrühe aufgießen. Mit Salz und Pfeffer würzen und alles zugedeckt

20 Minuten bei niedriger Hitze garen lassen. Die Koteletts mit der zweiten, aufgeschnittenen Knoblauchzehe, Pfeffer und Thymian einreiben. Das Öl in einer Pfanne erhitzen und die Koteletts darin auf jeder Seite 3 Minuten braten, erst danach salzen. Die Lammkoteletts zu den Bohnen legen und zugedeckt 2 Minuten durchziehen lassen. Sehr heiß servieren.

Rindfleisch mit Chinakohl (E)

Zutaten:
500 g Rinderbrust
1 Zwiebel
1 kg Chinakohl
2 EL Sonnenblumenöl
Salz, weißer Pfeffer
100 ml Weißwein
250 g Tomaten
2 EL Sojasauce

Zubereitung:
Das Rindfleisch in fingerdicke Scheiben schneiden. Die Zwiebel schälen und fein hacken. Den Chinakohl putzen, waschen und in Streifen schneiden. Das Öl in einem großen Topf erhitzen und das Fleisch von allen Seiten braun braten. Mit Salz und Pfeffer würzen. Den Chinakohl dazugeben und 5 Minuten mitschmoren lassen. Den Wein dazugießen und alles zugedeckt bei milder Hitze kochen lassen. Die Tomaten waschen, Stielansätze entfernen, in Achtel schneiden und zum Gericht geben. Alles weitere 10 Minuten kochen lassen. Mit der Sojasauce abschmecken.

Fischpfanne mit Gemüse (E)

Zutaten:
750 g Fischfilet (z. B. Seelachs oder Rotbarsch)
2 EL Zitronensaft
1 Salatgurke
1 grüne Paprikaschote
1 rote Paprikaschote
4 Tomaten
2 Zwiebeln
3 EL Sonnenblumenöl
250 ml Gemüsebrühe
Salz
Pfeffer
2 EL Essig
1 TL edelsüßes Paprikapulver
1 Bund Petersilie

Zubereitung:
Den Fisch in mundgerechte Stücke schneiden und mit dem Zitronensaft beträufeln. Die ungeschälte Salatgurke waschen und in Scheiben schneiden. Die Paprikaschoten waschen, Kerngehäuse entfernen und in Streifen schneiden. Die Tomaten waschen, Stielansätze entfernen und in kleine Stücke schneiden. Die Zwiebeln schälen und fein hacken. Das Öl in einem Topf langsam erhitzen und die Fischwürfel unter vorsichtigem Wenden leicht anbraten. Das Gemüse hinzugeben und 5 Minuten bei niedriger Hitze mitbraten. Anschließend die Gemüsebrühe zugießen. Das Gericht nach Geschmack mit Salz, Pfeffer, Essig und Paprikapulver würzen und zugedeckt 15 Minuten köcheln lassen. Die Petersilie waschen und fein hacken und auf das fertige Gericht streuen.

Seelachsfilet überbacken (E)

Zutaten:
750 g Seelachsfilet
Salz
1 Zitrone
1/2 Bund Petersilie, 1/2 Bund Dill
1/2 TL getrockneter Majoran
1 Knoblauchzehe
5 EL Olivenöl
125 g Emmentaler Käse
1 EL Butter

Zubereitung:
Den Backofen auf 220 Grad vorheizen. Das Fischfilet salzen und in breite Streifen schneiden. Eine feuerfeste Form mit Butter einfetten und die Fischstreifen hineinlegen. Die Zitrone der Länge nach halbieren und in sehr dünne Scheiben schneiden. Die Kräuter waschen und fein hacken. Die Zitronenscheiben über den Fisch verteilen und die Kräuter darüberstreuen. Die Knoblauchzehe durch eine Knoblauchpresse drücken, mit dem Olivenöl vermischen und über den Fisch gießen. Im Backofen ca. 30 Minuten garen lassen.

Tipp:
Dazu passt Tomatensalat.

Chili con carne (E)

Zutaten:
2 Zwiebeln
2 Knoblauchzehen

1 grüne und 1 rote Paprikaschote
4 EL Sonnenblumenöl
500 g Hackfleisch vom Rind
2 getrocknete Chilischoten
1 kg Tomaten
1 Lorbeerblatt
1/2 TL getrockneter Oregano
500 g rote Bohnen
Salz, schwarzer Pfeffer
Cayennepfeffer
Tabascosauce

Zubereitung:
Die Zwiebeln und die Knoblauchzehen schälen und fein hacken. Die Paprikaschoten waschen, halbieren, Kerngehäuse entfernen und in Würfel schneiden. Das Öl in einem großen Topf erhitzen, Zwiebeln und Knoblauch darin glasig braten. Das Hackfleisch und die Paprikawürfel zugeben und bei starker Hitze unter Rühren 5 Minuten anbraten. Die getrockneten Chilischoten klein schneiden. Die Tomaten waschen, Stielansätze entfernen und im Mixer pürieren. Die Tomaten mit dem Lorbeerblatt, Oregano und den Chilischoten hinzufügen. Bei niedriger Hitze 15 Minuten kochen lassen. Die Bohnen zum Gericht geben und alles weitere 10 Minuten köcheln lassen. Mit Salz, Pfeffer, Cayennepfeffer und Tabascosauce abschmecken.

Paprikagulasch (E)

Zutaten:
3 Zwiebeln
2 rote Paprikaschoten

4 Tomaten
250 g frische Champignons
600 g Rindergulasch
4 EL Sonnenblumenöl
Salz
frisch gemahlener schwarzer Pfeffer
1 EL edelsüßes Paprikapulver
1 EL Sojasauce

Zubereitung:
Die Zwiebeln schälen und würfeln. Die Paprikaschoten waschen, Kerngehäuse entfernen und in Streifen schneiden. Die Tomaten waschen, Stielansätze entfernen und würfeln. Die Champignons putzen und je nach Größe halbieren oder in Streifen schneiden. Das Öl in einem Schmortopf stark erhitzen und das Gulasch darin unter ständigem Wenden 3 Minuten anbraten. Die Zwiebeln hinzufügen und leicht bräunen lassen. Mit Salz und Pfeffer würzen. Paprikastreifen und Paprikapulver hinzufügen und alles 10 Minuten zugedeckt schmoren lassen. Die Tomaten und die Champignons dazugeben und alles weitere 5 Minuten schmoren lassen. Mit der Sojasauce abschmecken.

Tofu mit Lauchgemüse (E)

Zutaten:
400 g Tofu
5 EL Sojasauce
5 EL Olivenöl
1,5 kg Lauch
1 Knoblauchzehe
1 TL Thymian

1 TL Salz
frisch gemahlener schwarzer Pfeffer
200 g Crème fraîche
1 EL Zitronensaft

Zubereitung:
Den Tofu in ca. 1 cm große Würfel schneiden und in der Sojasauce marinieren. Mehrmals wenden, damit die Sojasauce gut einzieht. Den Lauch putzen, gründlich waschen und in Ringe schneiden. Den Knoblauch schälen und fein hacken. Öl in eine Pfanne geben und den Knoblauch mit dem Tofu und dem Lauch dünsten, bis der Lauch weich ist. Mit Thymian, Salz und Pfeffer würzen. Die Crème fraîche unterheben. Nach Geschmack mit etwas Sojasauce oder 1 EL Zitronensaft abschmecken.

Kalbsschnitzel mit Tomaten und Mozzarella (E)

Zutaten:
600 g Kalbsschnitzel
250 g Mozzarella
500 g Tomaten
4 EL Olivenöl
2 Knoblauchzehen
Salz
Pfeffer
20 g Kapern
2 TL getrockneter Oregano

Zubereitung:
Die Schnitzel mit einem Fleischklopfer flachklopfen und große Schnitzel einmal durchschneiden. Den

Mozzarella in Scheiben schneiden. Die Tomaten waschen, Stielansätze entfernen und im Mixer pürieren. Den Knoblauch schälen und grob hacken. Das Öl mit dem Knoblauch in eine große Pfanne geben. Vor dem Erhitzen die Schnitzel hineinlegen und die pürierten Tomaten und die Kapern darüber verteilen. Mit Salz, Pfeffer und Oregano würzen. Erst jetzt die Pfanne stark erhitzen, bis die Tomatensauce dicklich und etwas ölig zu werden beginnt. Auf jedes Schnitzel eine Scheibe Mozzarella geben. Die Pfanne schließen und so lange erhitzen, bis der Mozzarella vollständig geschmolzen ist.

Tipp:
Dieses Gericht im Sommer zubereiten. Dann sind die Tomaten fester und geschmacksintensiver.

Putengeschnetzeltes mit Gemüse (E)

Zutaten:
300 g Zucchini
300 g Möhren
300 g Kohlrabi
500 g Putenbrustfilet
1 EL Sonnenblumenöl
250 ml Gemüsebrühe
2 Knoblauchzehen
Salz
frisch gemahlener schwarzer Pfeffer
100 g Mascarpone

Zubereitung:
Die Zucchini waschen und in feine Stifte schneiden. Die Möhren schälen und in dünne Scheiben schnei-

den. Den Kohlrabi schälen und in schmale Streifen raspeln. Das Putenbrustfilet kalt abbrausen, trockentupfen und fein schnetzeln. Das Öl erhitzen, das Fleisch darin rundherum kurz anbraten, wieder herausnehmen. Das Gemüse in der Pfanne unter Rühren anbraten und mit der Brühe ablöschen. Die Knoblauchzehen schälen, durch eine Knoblauchpresse drücken und in die Pfanne geben. Das Gemüse mit Salz und Pfeffer würzen und zugedeckt etwa 10 Minuten bei mittlerer Hitze dünsten. Das Fleisch wieder in die Pfanne geben und den Mascarpone unterrühren. Alles kurz bei starker Hitze kochen, abschmecken und servieren.

Kohlenhydratreiche Hauptgerichte

Orientalischer Hirsepilaw (KH)

Zutaten:
225 g Hirse
1/2 l Gemüsebrühe
1 Zwiebel
1 grüne und 1 rote Paprikaschote
350 g Zucchini
2 Möhren
150 g Okraschoten
350 g gehäutete Tomaten
3 Knoblauchzehen
2 EL Sonnenblumenöl, kaltgepresst
1 TL Cayennepfeffer
2 TL weiße Senfkörner
1 TL Paprikapulver
50 g Rosinen
Salz
Pfeffer aus der Mühle
50 g Cashewkerne

Zubereitung:
Die Hirse gut waschen, in die kochende Gemüsebrühe einstreuen, die Hitze reduzieren und die Hirse zugedeckt etwa 20 Minuten garen. 10 Minuten bei ausgeschalteter Hitze nachquellen lassen. Die Zwiebel schälen und fein würfeln. Paprikaschoten putzen, waschen und in Streifen schneiden. Möhren schälen und in Scheiben schneiden. Zucchini waschen, putzen und in Scheiben schneiden. Okraschoten waschen und würfeln, Tomaten ebenfalls würfeln. Das Öl erhitzen, Gewürze darin anrösten. Die Zwiebel zufügen und in 2 bis 3 Minuten glasig braten. Vorbereitetes Gemüse zugeben, Knoblauch schälen und zum Gemüse pressen. Die

Rosinen untermengen. Das Gemüse bei schwacher Hitze 20 Minuten schmoren lassen, dabei ab und zu umrühren. Mit Salz und Pfeffer abschmecken, ebenso die Hirse. Hirse auf einer Platte anrichten, das Gemüse darüber häufen und mit halbierten Cashewkernen bestreuen.

Reis mit Zucchini-Gemüse (KH)

Zutaten:
Salz
200 g Naturreis
2 EL Mandelblättchen
2 Bananen, 600 g Zucchini
100 ml saure Sahne
2 EL Curry
Öl

Zubereitung:
Wasser in einem Topf zum Kochen bringen, Salz hinzufügen und den Reis ca. 30 Minuten kochen. Inzwischen die Mandelblättchen in einer Pfanne bei milder Hitze ohne Fett goldbraun rösten. Die Bananen schälen und schräg in dicke Scheiben schneiden. Die Zucchini waschen, putzen und in Stifte schneiden. 100 ml Wasser mit der Sahne und dem Curry zu einer Sauce verrühren.
Wenn der Reis gar ist, eine beschichtete Pfanne mit etwas Öl erhitzen. Die Bananenscheiben darin bei milder Hitze goldgelb braten. Die Zucchini und den Reis dazugeben und alles einmal umrühren. Die Currysauce in die Pfanne gießen und einmal kurz aufkochen lassen. Mit Salz abschmecken und mit den Mandelblättchen bestreuen.

Austernpilze mit Gemüse und Reis (KH)

Zutaten:
200 g Naturreis
500 g Austernpilze
300 g Möhren
400 g Zucchini
3 EL Butter
1 Würfel Gemüsebrühe
1 TL Curry
100 ml Sahne
2 Eigelb
1/2 Bund Petersilie
2 EL frischer Majoran

Zubereitung:
Den Reis in Salzwasser etwa 30 Minuten gar kochen. Die Austernpilze putzen und in grobe Stücke teilen. Die Möhren schälen und in dünne Scheiben schneiden. Den Stielansatz der Zucchini abschneiden und die Zucchini in feine Scheiben schneiden. Die Butter in einer Pfanne erhitzen und die Möhrenscheiben darin bei mittlerer Hitze dünsten. Die Austernpilze und die Zucchini dazugeben und alles 8 bis 10 Minuten dünsten. Das Ganze mit der Gemüsebrühe und dem Curry abschmecken. Die Sahne mit etwas Wasser und den Eigelb verquirlen. Die Sahnesauce in das Gemüse rühren, alles kurz aufkochen lassen. Die Petersilie und den Majoran fein hacken, auf das Gemüse streuen. Zum Reis geben.

Tipp:
Eine Mahlzeit für jede Jahreszeit, da Austernpilze das ganze Jahr erhältlich sind.

Kartoffel-Eintopf mit Möhren (KH)

Zutaten:
1 kg Möhren
750 g Kartoffeln
1 Würfel Gemüsebrühe
50 g Butter
1 Bund Petersilie

Zubereitung:
Die Möhren schälen und in feine Scheiben schneiden. 1/2 l Wasser zum Kochen bringen, die Möhren hineingeben und im geschlossenen Topf bei mäßiger Hitze 5 Minuten vorgaren. Die Kartoffeln in kleine Würfel schneiden und zu den Möhren geben. Die Gemüsebrühe und die Butter hinzufügen und 15 Minuten bei milder Hitze köcheln lassen. Die Petersilie fein hacken und den Eintopf damit bestreuen.

Kartoffelpfanne (KH)

Zutaten:
750 g Kartoffeln
2 Zwiebeln, 250 g frische Champignons
1 rote und 1 gelbe Paprikaschote
1 Zucchini
50 g Butter
1 EL Salz, 1 TL Muskatnusspulver
100 ml saure Sahne

Zubereitung:
Die Kartoffeln waschen und in der Schale 20 Minuten kochen. Die Zwiebeln schälen und fein

hacken. Die Champignons putzen, waschen, trockenreiben und in Scheiben schneiden. Die Paprika waschen, trockenreiben, vierteln, entkernen und in dünne Streifen schneiden. Bei der Zucchini den Stielansatz abschneiden und Zucchini in dünne Scheiben schneiden. Die Kartoffeln pellen und würfeln. Die Butter in einer Pfanne erhitzen und Zwiebeln, Pilzscheiben, Zucchini sowie Paprikastreifen darin einige Minuten dünsten. Die Kartoffeln hinzufügen und alles bei geringer Hitze unter Rühren einige Minuten schmoren. Mit Salz und Muskatnuss abschmecken. Die Kartoffelpfanne auf Tellern anrichten und jeweils mit etwas saurer Sahne garnieren.

Tipp:
Fest kochende Kartoffeln fallen nach dem Kochen nicht auseinander, lassen sich daher ganz einfach pellen und in Würfel schneiden.

Pellkartoffeln mit feiner Sauce (KH)

Zutaten:
1 kg neue Kartoffeln
1 Bund Petersilie
2 Knoblauchzehen
Saft von 1/4 unbehandelter Zitrone
50 g weiche Butter
40 g Weizenvollkornmehl
1/4 l Gemüsebrühe
200 g Sahne
Salz
Cayennepfeffer
frisch gemahlener weißer Pfeffer

Zubereitung:
Die Kartoffeln unter fließendem Wasser gründlich bürsten und in wenig Wasser zugedeckt mit der Schale 25 bis 30 Minuten garen. Die Petersilie waschen, trockentupfen und fein hacken. Den Knoblauch schälen und fein hacken. Die Petersilie mit einigen Tropfen Zitronensaft und dem Knoblauch vermischen. Die Hälfte davon mit der Butter und dem Mehl verkneten. Die Gemüsebrühe mit der Sahne einmal aufkochen. Die gewürzte Butter-Mehl-Mischung in Stücke teilen und nach und nach mit dem Schneebesen in die kochende Flüssigkeit rühren. Die Sauce mit Salz, Cayennepfeffer und Pfeffer abschmecken und zugedeckt warm halten. Die Kartoffeln abgießen und auf vorgewärmte Teller verteilen. Die Sauce und die restliche Petersilien-Mischung darübergießen.

Zucchini-Schafkäse-Nudeln (KH)

Zutaten:
300 g reife Tomaten
400 g Zucchini
1 Zwiebel
2 Knoblauchzehen
2 Zweige frischer Thymian
1 Bund Petersilie
150 g Schafkäse (Feta)
1 EL kaltgepresstes Olivenöl
200 g Sahne
frisch gemahlener schwarzer Pfeffer
Cayennepfeffer
500 g Vollkornnudeln
Salz

Zubereitung:
Die Tomaten mit kochendem Wasser überbrühen, häuten und würfeln, dabei die Kerne und den Stielansatz entfernen. Die Zucchini waschen, ebenfalls von Stiel- und Blütenansätzen befreien und in Stifte schneiden. Die Zwiebel und die Knoblauchzehen schälen und fein hacken. Den Thymian und die Petersilie waschen und trockenschwenken. Die Thymianblättchen abzupfen, die Petersilie fein zerkleinern. Den Schafkäse zerbröckeln. Das Öl in einer Pfanne erhitzen. Die Zwiebel, den Knoblauch und die Zucchini darin anbraten. Die Kräuter, die Tomatenwürfel und die Sahne hinzufügen. Die Zucchini unter Rühren in etwa 2 Minuten bissfest garen. Den Schafkäse darunterrühren und erhitzen, aber nicht mehr kochen lassen. Die Zucchini mit Pfeffer und 1 kräftigen Prise Cayennepfeffer abschmecken. Die Nudeln in reichlich kochendem Salzwasser bissfest garen, abgießen und abtropfen lassen, mit den Zucchini mischen und sofort servieren.

Gemüseeintopf mit Bulgur (KH)

Zutaten:
1 Zwiebel, 1 Knoblauchzehe
300 g Möhren
2 Stangen Lauch
1 EL kaltgepresstes Olivenöl
250 g Bulgur
600 ml Gemüsebrühe
125 g frisch geriebener Parmesankäse
100 g Crème fraîche
Salz, frisch gemahlener weißer Pfeffer

Zubereitung:
Die Zwiebel und die Knoblauchzehe schälen und fein hacken. Die Möhren schälen, waschen und fein würfeln. Den Lauch halbieren, gründlich waschen und in feine Scheiben schneiden. Das Olivenöl in einer Pfanne erhitzen. Die Zwiebel, den Knoblauch und das Bulgur darin bei mittlerer Hitze nur so lange anbraten, bis alle Zutaten gleichmäßig vom Öl überzogen sind. Die Möhren und den Lauch daruntermischen. Die Brühe dazugießen. Alles einmal aufkochen und zugedeckt bei schwacher Hitze etwa 30 Minuten garen. Den Käse und die Crème fraîche darunterrühren. Den Eintopf noch einmal erhitzen, mit Salz und Pfeffer abschmecken.

Tipp:
Bulgur kann man in Geschäften kaufen, die ausländische Spezialitäten haben. Die Getreideart stammt aus dem Nahen und Fernen Osten

Feines Lauchgemüse mit Reis (KH)

Zutaten:
200 g Natur-Langkornreis
400 ml Gemüsebrühe
600 g Lauch
1 EL Öl
2 EL Zitronensaft
Salz
frisch gemahlener weißer Pfeffer
125 g Sahne
100 g Walnusskerne
1 Bund Schnittlauch
100 g frisch geriebener Emmentaler Käse

Zubereitung:
Den Reis mit 300 ml Gemüsebrühe aufkochen und zugedeckt bei schwacher Hitze etwa 45 Minuten ausquellen lassen. Den Lauch putzen, waschen und in Scheiben schneiden. Das Öl in einem weiten Topf erhitzen. Den Lauch hinzufügen und bei mittlerer Hitze unter Rühren einige Minuten anbraten. Den Lauch mit dem Zitronensaft, Salz und Pfeffer würzen. Die restliche Gemüsebrühe und die Sahne hinzugießen, einmal aufkochen und das Gemüse zugedeckt bei schwacher Hitze etwa 5 Minuten garen. Die Walnusskerne hacken. Den Schnittlauch kalt abspülen, trockentupfen, in feine Röllchen schneiden und unter den gegarten Reis mischen. Die Nüsse und den Käse unter das Lauchgemüse mischen.

Roggenbratlinge mit Zucchinigemüse (KH)

Zutaten:
100 g Roggenschrot
250 g Joghurt
750 g junge Zucchini
1 kleine Zwiebel
2 Eigelb
30 g frisch geriebener Parmesankäse
Salz
Cayennepfeffer
1 Bund Frühlingszwiebel
1 Bund Petersilie
1 EL Butter
3 EL Zitronensaft
100 g Crème fraîche

200 g junge Möhren
frisch gemahlener schwarzer Pfeffer
2 EL kaltgepresstes Maiskeimöl zum Backen

Zubereitung:
Den Roggenschrot mit dem Joghurt vermischen und zugedeckt im Kühlschrank 8 Stunden quellen lassen (am besten über Nacht stehen lassen).
Die Zucchini waschen, abtrocknen und von den Stiel- und Blütenansätzen befreien. 1 Zucchini von etwa 200 g auf der Rohkostreibe raffeln. Die Zwiebel schälen und fein hacken. Die geraffelte Zucchini, die Zwiebel, die Eigelb und den Parmesan unter den gequollenen Schrot mischen. Die Masse mit wenig Salz und 1 kräftigen Prise Cayennepfeffer abschmecken. Öl in einer Pfanne erhitzen. Mit einem Löffel Bratlinge von etwa 4 cm Durchmesser nebeneinander in die Pfanne setzen und bei mittlerer Hitze etwa 5 Minuten backen, bis sie sich vom Pfannenboden lösen lassen, wenden und in etwa 3 Minuten fertigbacken. Die Bratlinge herausnehmen und warm halten. Die restlichen Zucchini und die Möhren in Stifte schneiden. Die Frühlingszwiebeln putzen, waschen und mit etwa zwei Dritteln des Zwiebelgrüns in etwa 1 cm lange Stücke schneiden. Die Petersilie waschen, trockentupfen und fein hacken. Die Butter in einem weiten Topf erhitzen. Die Zucchini, die Möhren und die Frühlingszwiebeln darin bei mittlerer Hitze unter ständigem Wenden 5 Minuten schmoren. Zitronensaft, Crème fraîche und die Petersilie hinzufügen und alles nur noch erhitzen. Das Gemüse mit Salz und Pfeffer abschmecken und mit den Bratlingen auf vorgewärmte Teller verteilen.

Ratatouille-Gemüse (N)

Zutaten:
500 g Tomaten
500 g Auberginen
200 g Zwiebeln
2 Knoblauchzehen
5 EL Olivenöl
Thymian
Majoran
Salz
schwarzer Pfeffer

Zubereitung:
Die Tomaten waschen, Stielansätze entfernen und Fruchtfleisch würfeln. Die Auberginen waschen und ebenfalls in Würfel schneiden. Die Zwiebeln und den Knoblauch schälen, fein hacken und in einem großen Topf im Olivenöl dünsten. Das Gemüse dazugeben und mit Thymian und Majoran würzen. Etwa 1 Stunde bei niedriger Hitze köcheln lassen. Zum Schluss mit Salz und Pfeffer abschmecken.

Tipp:
Dieses Gemüse können Sie mit Reis als Kohlenhydrat-Gericht servieren oder mit gebratenem Fleisch zu einem Eiweiß-Gericht verändern.

Gemüse mit Buchweizen überbacken (KH)

Zutaten:
200 g Buchweizen
Salz
600 g Auberginen

Butter
300 g Tomaten
200 g Zucchini
2 Knoblauchzehen
2 EL Sojasauce
schwarzer Pfeffer, Salz
1 TL edelsüßes Paprikapulver
1/2 TL Cayennepfeffer
200 g Käse (z. B. Emmentaler)

Zubereitung:
Buchweizen 30 Minuten in Wasser einweichen, aufkochen und bei schwacher Hitze 10 Minuten zugedeckt quellen lassen. Vom Herd nehmen, Getreide mit dem Salz abschmecken. Auberginen in Scheiben schneiden und würfeln. In heißer Butter und etwas Wasser nicht zu weich garen und dabei gelegentlich wenden. Tomaten waschen, Stielansätze entfernen und Fruchtfleisch in Scheiben schneiden. Zucchini waschen und ebenfalls in Scheiben schneiden. Auberginen und Buchweizen mischen, mit Knoblauch, Sojasauce und den Gewürzen abschmecken. Alles bis auf die Tomaten, die Zucchini und den Käse in eine mit Butter eingepinselte feuerfeste Form geben. Tomaten- und Zucchinischeiben auf dem Gericht verteilen und mit geriebenem Käse bestreuen. Im vorgeheizten Backofen bei 180 Grad etwa 40 Minuten backen.

Hafer als Beilage (KH)

Zutaten:
250 g Hafer (Nackthafer)
1 Zwiebel

1 EL Butter
200 g Sahne
1 TL gekörnte Gemüsebrühe
frische Kräuter wie Petersilie, Schnittlauch oder Zitronenmelisse
Salz, frisch gemahlener weißer Pfeffer

Zubereitung:
Den Hafer in einem Topf mit einem guten 1/2 l Wasser etwa 25 bis 30 Minuten kochen, bis er bissfest ist. Die Zwiebel schälen und fein hacken. Die Butter in einem Topf erhitzen und die Zwiebel darin bei schwacher Hitze glasig dünsten. Den Hafer hinzufügen und bei starker Hitze unter Rühren kurz anbraten. Nach und nach die Sahne dazugießen und jeweils wieder einkochen lassen, bis der Hafer sämig wie Risotto ist. Die gekörnte Brühe vorsichtig unterrühren. Die Kräuter hacken und dazugeben, den Hafer mit Salz und Pfeffer je nach Geschmack würzen.

Tipp:
Mit Parmesankäse bestreuen. Verwenden Sie Nackthafer. Dieser Hafer ist geschält und benötigt eine wesentlich geringere Kochzeit als ungeschälter Hafer.
Hafer passt als Beilage gut zu Gerichten, die sonst mit Reis zubereitet werden.

Zucchini mit Hirse (KH)

Zutaten:
500 g Zucchini
Salz

150 g Hirse
1 EL Olivenöl
1/2 l Gemüsebrühe
1 Bund Frühlingszwiebeln
2 Stängel frischer Majoran (ersatzweise 1/2 TL getrockneter Majoran)
Pfeffer

Zubereitung:
Zucchini putzen, abspülen und in dünne Scheiben schneiden. Mit Salz bestreuen. Hirse im heißen Olivenöl andünsten. Zucchini hinzufügen, kurz andünsten und die Brühe dazugießen. 15 Minuten in der geschlossenen Pfanne dünsten. Frühlingszwiebeln putzen und in Stücke schneiden. Zusammen mit den abgezupften Majoranblättern zufügen und mit Salz und Pfeffer abschmecken.

Hirse mit Gemüse (KH)

Zutaten:
250 g Möhren
250 g Lauch
1 Zucchini
300 g Hirse
3 EL gekörnte Gemüsebrühe
1 EL getrockneter Majoran
30 g Butter
1/2 Bund gehackte Petersilie
frisch geriebener Parmesan

Zubereitung:
Das Gemüse putzen, waschen und in Würfel oder feine Streifen schneiden. Die Hirse in einem Sieb

heiß abspülen. In einem Topf 1 l Wasser zum Kochen bringen und Hirse, das Gemüse, die Gemüsebrühe und Majoran in das kochende Wasser geben. Alles bei schwacher Hitze 12 bis 15 Minuten kochen lassen. Die Butter und die Petersilie hinzugeben. Eventuell noch einige Minuten ziehen lassen, bis die Hirse das Wasser aufgenommen hat und gequollen ist. Das Gericht auf Teller verteilen und etwas geriebenen Parmesan darüberstreuen.

Pellkartoffeln mit Wirsinggemüse (KH)

Zutaten:
750 g Kartoffeln
750 g Wirsing
2 Zwiebeln
50 g Butter
einige Korianderkörner
1 EL gekörnte Gemüsebrühe
2 EL frischer Thymian
5 Blätter Liebstöckel
Salz
1/2 Bund Petersilie

Zubereitung:
Die Kartoffeln in der Schale etwa 30 Minuten kochen. Den Wirsing putzen und waschen. Den Strunk herausschneiden und die Wirsingblätter in 2 cm breite Streifen schneiden. Die Zwiebeln schälen, fein würfeln und in einer Pfanne mit der Hälfte der Butter andünsten. Den Koriander im Mörser zermahlen und mit dem Wirsing zu den Zwiebeln geben. Unter Rühren einige Minuten anbraten. 100 ml Wasser, die Gemüsebrühe, den

Thymian und den gehackten Liebstöckel zum Wirsing geben. Alles zugedeckt bei schwacher Hitze etwa 15 Minuten bissfest dünsten. Die restliche Butter zum Wirsing geben, mit Salz abschmecken. Die Petersilie fein hacken und darüber streuen. Zusammen mit den Kartoffeln sehr heiß servieren.

Kartoffel-Gratin (KH)

Zutaten:
11/2 kg Kartoffeln
1 Zwiebel
80 g Butter
Majoran
Salz
Pfeffer
200 g Sahne
1/4 l Milch

Zubereitung:
Kartoffeln schälen und in dünne Scheiben schneiden. Zwiebel schälen, fein hacken und in einem Teil der Butter glasig dünsten. Mit Majoran vermischen. Den Backofen auf 180 Grad vorheizen. Die Kartoffeln in eine flache feuerfeste Form schichten und kräftig mit Salz und Pfeffer würzen. Die Zwiebel-Majoran-Mischung darüberstreuen und alles mit Sahne und Milch aufgießen. Die in Flöckchen geschnittene restliche Butter darauf verteilen. Den Auflauf 40 bis 45 Minuten goldbraun backen.

Tipp:
Mit einer Messerspitze Muskat würzen.

Grünkernbratlinge mit Rosenkohl (KH)

Zutaten:
150 g Grünkern
1 Zwiebel
etwa 1 Tasse Gemüse-Hefebrühe
2 Eigelb
gemahlener schwarzer Pfeffer
300 g Rosenkohl
Salz
1/2 TL Kümmel
1 Becher Joghurt
Rosenpaprika
1/2 Bund Schnittlauch
1 TL Öl
1/2 Bund Petersilie

Zubereitung:
Den Grünkern mindestens 3 Stunden in kaltem Wasser quellen lassen. Die Kochzeit verringert sich dadurch wesentlich und der Grünkern kann in 20 bis 25 Minuten gar gekocht werden. Zwiebeln fein würfeln und in der Gemüsebrühe bei geringer Hitze garen. Die Brühe dabei restlos verdampfen lassen. Den gekochten Grünkern mit den Zwiebeln, Eigelb und Pfeffer verrühren und etwas durchziehen lassen. Rosenkohl putzen, waschen und am unteren Ende kreuzweise einschneiden, damit er schneller gar wird. Rosenkohl in Salzwasser mit dem Kümmel 20 Minuten bei mittlerer Hitze kochen. Joghurt mit Paprika, wenig Salz und Schnittlauchröllchen verrühren und im Wasserbad etwas erwärmen. Eine große Pfanne erhitzen und mit Öl einpinseln. Mit einem Löffel 8 Bratlinge aus der Grünkern-Zwiebel-Eigelb-Mischung hineingeben

und von beiden Seiten braun braten. Herausnehmen und warm stellen. Rosenkohl abgießen, kurz in der Pfanne schwenken und mit der Joghurtsauce und den Bratlingen anrichten. Die Petersilie feinwiegen und sofort darüberstreuen.

Tipp:
Die Bratlinge können kalt als Imbiss mitgenommen werden.

Pfannkuchen mit Blattspinat (KH)

Zutaten:
150 g Weizenvollkornmehl
Mineralwasser
1 Eigelb
Salz
1 mittelgroße Zwiebel
3/4 Tasse Gemüsebrühe
300 g Blattspinat
Muskat
frisch gemahlener schwarzer Pfeffer
1/2 TL Öl

Zubereitung:
Mehl mit 1/4 l Mineralwasser, dem Eigelb und einer Prise Salz verrühren. Den Teig mindestens 20 Minuten stehen lassen. Zwiebel in Ringe schneiden und in 1/2 Tasse Gemüsebrühe 2 bis 3 Minuten kochen. Den Blattspinat putzen, waschen und in einem Topf mit etwas Wasser gar dünsten. Den Spinat mit Salz, geriebenen Muskat und Pfeffer abschmecken. Eine große Pfanne erhitzen, dünn mit Öl einpinseln und den Teig hineingeben. Die

Pfanne dabei etwas schwenken, damit sich die Masse gleichmäßig verteilt. Sobald die Unterseite leicht braun ist, den Pfannkuchen wenden und fertig braten. Auf eine Hälfte etwas Spinat geben, die andere Hälfte überklappen und den Pfannkuchen auf einen großen Teller gleiten lassen. Der Teig reicht für 4 Pfannkuchen.

Vollkornnudeln mit Paprika-Sauce (KH)

Zutaten:
1 große Zwiebel
2 EL Olivenöl
1 grüne, 1 gelbe, 2 rote Paprikaschoten
250 g Tomaten
250 g Vollkornnudeln
Salz
2 EL Butter
Salz
Pfeffer aus der Mühle
1 EL mildes Paprikapulver
je zwei Stängel frischer Thymian und Majoran (evtl. durch getrocknete Kräuter ersetzen)
200 g Crème fraîche

Zubereitung:
Die Zwiebel schälen, grob hacken und in dem Olivenöl in einer großen Pfanne dünsten. Die Paprikaschoten putzen, waschen und in feine Streifen schneiden. Die Tomaten waschen, Stielansatz entfernen und Fruchtfleisch im Mixer pürieren. Paprika und Tomaten mit den Zwiebeln etwa 20 Minuten bei niedriger Hitze köcheln lassen. Inzwischen die Vollkornnudeln in Salzwasser biss-

fest kochen, abgießen und mit der Butter mischen. Die Paprika-Tomaten-Sauce mit Salz, Pfeffer und Paprikapulver abschmecken und noch etwa 10 Minuten köcheln lassen. Die Kräuter und die Crème fraîche in die Sauce geben und untermischen. Zu den Nudeln geben.

Tipp:
Crème fraîche durch süße Sahne ersetzen.

Vollkornnudeln mit Pesto (KH)

Zutaten:
300 g Vollkornnudeln
2 Knoblauchzehen
1 Bund Basilikum
Salz, 6 EL Olivenöl
30 g Pinienkerne

Zubereitung:
Die Nudeln in Salzwasser bissfest kochen. Die Knoblauchzehen schälen und durch eine Knoblauchpresse drücken. Das Basilikum waschen, trockentupfen und grob hacken. Knoblauch, Basilikum, Salz und Olivenöl im Mixer fein pürieren. Die Pinienkerne grob hacken und unterrühren. Die Nudeln zusammen mit dem Pesto servieren.

Champignon-Torte (KH)

Zutaten:
50 g kalte Butter
200 g Weizenvollkornmehl

100 g Quark
Salz

Zutaten für den Belag:
800 g Champignons
50 g Mascarpone
2 EL saure Sahne, 2 EL Vollmilchjoghurt
Salz, Paprikapulver
150 g Mozzarella

Zubereitung:
Die kalte Butter in sehr kleine Stücke schneiden. Eine Springform mit etwas Butter einpinseln. Das Mehl mit der in Stücke geschnittenen Butter, Quark und 1 Prise Salz zu einem Teig verketen. Den Teig ausrollen und in die gefettete Form legen. Den Teigboden mehrmals mit einer Gabel einstechen und ca. 30 Minuten im Kühlschrank ruhen lassen. Den Backofen auf 200 Grad vorheizen. Die Champignons waschen, in Scheiben schneiden und 5 Minuten in einer beschichteten Pfanne anbraten. Den Teigboden damit belegen. Mascarpone mit saurer Sahne, Joghurt, 1 Prise Salz und etwas Paprikapulver verquirlen und auf den Champignons verteilen. Mozzarella in dünne Scheiben schneiden und damit die Champignon-Torte belegen. Im vorgeheizten Backofen bei 200 Grad 20 bis 25 Minuten backen.

Nudel-Auflauf (KH)

Zutaten:
250 g Vollkornnudeln
Salz

300 g Möhren
1 Stange Lauch
300 g Zucchini
200 ml Gemüsebrühe
2 EL Butter
2 EL Weizenvollkornmehl
100 ml Sahne
schwarzer Pfeffer
75 g Cheddarkäse

Zubereitung:
Die Nudeln in Salzwasser bissfest kochen. Die Möhren putzen, schälen und in Würfel schneiden. Den Lauch halbieren, gründlich waschen und in feine Streifen schneiden. Die Zucchini waschen und in Stifte schneiden. Die Gemüsebrühe zum Kochen bringen, Möhren und Lauch darin zugedeckt etwa 5 Minuten kochen. Zucchini hinzufügen und alles weitere 5 Minuten garen. Das Gemüse abtropfen lassen, dabei die Brühe auffangen. Den Backofen auf 225 Grad vorheizen. Eine Auflaufform mit Butter einpinseln. Die Nudeln abtropfen lassen, mit dem Gemüse mischen und in die Auflaufform füllen. Die Butter in einem Topf aufschäumen, das Mehl einstreuen und bei schwacher Hitze goldgelb anschwitzen. Mit der Gemüsebrühe und der Sahne ablöschen und zu einer Sauce einkochen. Mit Salz und Pfeffer abschmecken. Die Sauce über Nudeln und Gemüse verteilen. Den Käse reiben und darüber streuen. Den Auflauf im Backofen auf der mittleren Schiene etwa 25 Minuten backen.

Tipp:
Bei Vollkornnudeln müssen Sie strikt die Kochzeit einhalten, da diese schnell zu weich werden können.

Gemüserisotto (KH)

Zutaten:
2 Zwiebeln, 250 g Wirsing
je 1 grüne, gelbe und rote Paprikaschote
2 Zucchini
3 EL Butter
250 g Rundkornreis
schwarzer Pfeffer
3/4 l Gemüsebrühe
100 g Parmesan

Zubereitung:
Die Zwiebeln schälen und in Ringe schneiden. Den Wirsing putzen, waschen und in Streifen schneiden. Die Paprikaschoten längs halbieren, Kerngehäuse entfernen und Paprikaschoten in Streifen schneiden. Die Zucchini waschen und in Scheiben schneiden. Die Butter in einer Pfanne erhitzen, die Zwiebeln darin glasig braten und den Reis hinzufügen. Wirsing, Paprika und Zucchini dazugeben, etwa 3 Minuten mitschmoren lassen. Mit Pfeffer abschmecken. Die Gemüsebrühe erhitzen und die Hälfte dazugießen, vorsichtig umrühren und alles 10 Minuten bei schwacher Hitze kochen. Die restliche Gemüsebrühe dazugießen. Risotto weitere 10 Minuten garen. Den Parmesan reiben, über das Gericht geben und sofort servieren.

Spinatkuchen (KH)

Zutaten:
200 g Weizenvollkornmehl
100 g Butter

3 Eigelb
Salz
500 g Blattspinat
schwarzer Pfeffer
1 Zwiebel
1 Knoblauchzehe
1 EL Sonnenblumenöl
150 g Joghurt
50 g saure Sahne

Zubereitung:
Das Mehl auf eine Arbeitsfläche schütten und in die Mitte eine Mulde drücken. Die Butter in kleine Stücke schneiden, mit einem Eigelb und etwas Salz zum Mehl geben. Alles zu einem glatten Teig kneten. Den Teig im Kühlschrank etwa 15 Minuten ruhen lassen.
Den Blattspinat verlesen, waschen und in einem Topf 5 Minuten dünsten. Mit Salz und Pfeffer würzen. Die Zwiebel und die Knoblauchzehe schälen und fein hacken. Öl in einem Topf erhitzen und die Zwiebel mit dem Knoblauch darin g lasig dünsten. Den Backofen auf 220 Grad vorheizen. Den Teig für eine Springform mit 28 cm Durchmesser ausrollen. Den Boden der Form damit auslegen und einen Rand ziehen. Mit einer Gabel den Boden mehrmals einstechen und auf der mittleren Schiene im vorgeheizten Backofen etwa 15 Minuten vorbacken. Joghurt, saure Sahne und 2 Eigelb mit dem Mixer verquirlen. Spinat mit den Zwiebeln mischen und auf dem vorgebackenen Boden verteilen. Anschließend die Ei-Joghurt-Masse darübergießen und den Kuchen auf der mittleren Schiene ungefähr 30 Minuten backen.

Champignon-Pfannkuchen (KH)

Zutaten:
200 g Weizenvollkornmehl
1/2 TL Backpulver
Salz
1/2 l Milch
4 Eigelb
1 Bund Blattpetersilie
Fett zum Braten
600 g frische Champignons
1/2 Zitrone
1 Bund Frühlingszwiebeln
2 EL Olivenöl
1 TL getrockneter Thymian
2 Knoblauchzehen
frisch gemahlener schwarzer Pfeffer

Zubereitung:
Mehl, Backpulver und eine Prise Salz vermischen. Milch und Eigelb vorsichtig unterrühren. Die Petersilie grob hacken und unter den Teig heben. In einer beschichteten Pfanne Fett erhitzen und aus dem Teig nacheinander acht Pfannkuchen backen. Im Backofen bei 50 Grad warm halten.
Die Champignons putzen und in Scheiben schneiden. Frühlingszwiebeln fein hacken und den Knoblauch durch eine Knoblauchpresse drücken. Die Champignons mit Zitronensaft beträufeln und zusammen mit den Frühlingszwiebeln im heißen Öl so lange dünsten, bis die Flüssigkeit verdampft ist. Mit Thymian, Knoblauch, Salz und Pfeffer würzen. Die Füllung auf die Pfannkuchen verteilen und zusammenklappen oder auch zusammenrollen. Sofort servieren.

Gärtnerinnentopf (KH)

Zutaten:
2 Zwiebeln
100 g Champignons
1 Stange Lauch
250 g Sellerie
500 g Wirsing
4 Tomaten
1 EL Butter
2 EL Öl
1 l Gemüsebrühe
1/2 Bund Petersilie
Salz
weißer Pfeffer

Zubereitung:
Die Zwiebeln schälen und würfeln. Die Champignons putzen, waschen und in Scheiben schneiden. Den Lauch putzen, waschen und in Ringe schneiden. Den Sellerie schälen und in kleine Würfel schneiden. Den Wirsing waschen und in feine Streifen schneiden. Die Tomaten waschen, halbieren und Stielansätze entfernen. Die Butter mit dem Öl in einem Topf erhitzen und die Zwiebeln mit den Champignons darin unter Rühren 5 Minuten braten. Lauch, Sellerie und Wirsing hinzufügen und alles 2 Minuten schmoren lassen. Die Gemüsebrühe zugießen und die Tomaten hinzufügen. Das Gericht bei milder Hitze zugedeckt 30 Minuten garen. Die Petersilie fein hacken und in das Gemüse geben. Mit Salz und Pfeffer abschmecken.

Tipp:
Dazu passen Kartoffeln oder Reis.

Buchweizenpuffer (KH)

Zutaten:
200 g Buchweizen
1 Zwiebel, 1/2 Bund Schnittlauch
200 g Schafskäse
1 TL edelsüßes Paprikapulver
3 Eigelb
1 EL Sonnenblumenöl

Zubereitung:
Den Buchweizen auf einem Sieb mit heißem Wasser abspülen. In einem Topf ca. 3/4 l Wasser zum Kochen bringen und den Buchweizen bei mittlerer Hitze 20 Minuten köcheln lassen. Anschließend noch einige Minuten quellen lassen. Die Zwiebel schälen und fein hacken. Den Schnittlauch waschen und in Röllchen schneiden. Den Schafskäse in einer Schüssel mit einer Gabel zerdrücken. Den garen Buchweizen untermischen. Zwiebel, Schnittlauch, Paprikapulver und die Eigelb zu dieser Masse geben und alles gut vermischen. Das Öl in einer Pfanne erhitzen. Mit nassen Händen große Puffer formen und in der Pfanne auf jeder Seite jeweils 5 Minuten braten.

Tipp:
Dazu passen Blattsalate.

Gefüllte Paprika mit Buchweizen (KH)

Zutaten:
200 g Buchweizen
1 Zwiebel, 1 Knoblauchzehe

1 EL Butter, 300 ml Gemüsebrühe
1 Zucchini, 4 rote Paprikaschoten
einige Zweige Majoran
100 g Ricotta-Frischkäse

Zubereitung:
Den Buchweizen auf einem Sieb mit heißem Wasser abspülen. Die Zwiebel schälen und fein hacken. Die Knoblauchzehe schälen und durch eine Knoblauchpresse drücken. 1 EL Butter in einen Topf geben und die Zwiebel und den Knoblauch darin glasig dünsten. Den Buchweizen hinzufügen und mit der Gemüsebrühe auffüllen. Bei mittlerer Hitze etwa 20 Minuten köcheln lassen. Den Herd abstellen und den Buchweizen noch 10 Minuten ausquellen lassen. Die Zucchini waschen, sehr fein reiben und zum Buchweizen geben. Majoran fein hacken und ebenfalls hinzufügen. Die Paprikaschoten oben aufschneiden und die Kerne entfernen. Den Ricotta unter den Buchweizen mischen. Die Paprikaschoten mit der Buchweizen-Mischung füllen. Eine feuerfeste Form einfetten und die gefüllten Paprika hineinstellen. Im vorgeheizten Backofen bei 200 Grad etwa 30 Minuten backen.

Tipp:
Statt Ricotta Schichtkäse verwenden.

Rösti (KH)

Zutaten:
750 g Pellkartoffeln, bereits gekocht
Salz
75 g Butter

Zubereitung:
Die Kartoffeln pellen, grob raspeln und mit Salz bestreuen. Die Hälfte der Butter in einer großen Pfanne erhitzen. Die Kartoffeln hineingeben und mit einem Bratenwender flach drücken. 15 Minuten bei mittlerer Hitze braten. Die Rösti aus der Pfanne auf einen Teller gleiten lassen. Die restliche Butter in der Pfanne erhitzen und die Rösti auf der anderen Seite in 15 Minuten goldgelb backen.

Kartoffelauflauf mit Champignons (KH)

Zutaten:
1 kg Kartoffeln
1 Zwiebel
2 EL Sonnenblumenöl
250 g frische Champignons
1 TL Currypulver
1/2 Bund Petersilie
1 EL Butter

Zubereitung:
Die Kartoffeln in der Schale gar kochen. Die Zwiebel schälen, fein hacken und in dem Öl glasig dünsten. Die Champignons putzen, in Scheiben schneiden, zu den Zwiebeln geben und mit Curry würzen. Etwa 3 Minuten dünsten. Die Petersilie waschen, fein hacken und unter die Champignons mischen. Die Kartoffeln abpellen und in Scheiben schneiden. Eine feuerfeste Auflaufform einfetten, dann abwechselnd mit einer Schicht Kartoffelscheiben und einer Schicht Champignons füllen, mit einer Schicht Kartoffeln abschließen. Einige Butterflöckchen auf dem Auflauf verteilen und den

Auflauf im vorgeheizten Backofen bei 200 Grad etwa 30 Minuten backen.

Reispfanne (KH)

Zutaten:
400 g Naturreis
Salz
2 Zwiebeln
2 EL Sonnenblumenöl
2 Stangen Lauch
250 g Knollensellerie
250 g Möhren
250 ml Gemüsebrühe
frisch gemahlener schwarzer Pfeffer
Currypulver
1 EL Butter
50 ml Sahne
2 Knoblauchzehen
1/2 Bund Schnittlauch
1/2 Bund Petersilie

Zubereitung:
Den Reis in Salzwasser gar kochen, bei Naturreis dauert das zwischen 30 und 40 Minuten. Die Zwiebeln schälen, fein hacken und in dem Öl glasig dünsten. Den Lauch gründlich waschen und in feine Ringe schneiden. Sellerie und Möhren schälen und in feine Stifte schneiden. Das Gemüse in die Pfanne geben und 3 Minuten dünsten. Die Gemüsebrühe zugießen und das Gemüse in etwa 15 Minuten bei mittlerer Hitze fertig garen. Das Gemüse mit dem Reis vermischen. Je nach Geschmack mit 1 EL Butter, 50 ml Sahne bzw. ge-

presstem Knoblauch verfeinern. Mit Salz, Pfeffer und Currypulver abschmecken. Die Kräuter fein hacken und untermischen. Warm servieren.

Rahmkartoffeln (KH)

Zutaten:
1 kg Kartoffeln
2 EL Butter, 2 EL Weizenvollkornmehl
250 ml Milch
1 Bund Dill
100 ml Sahne
Salz, weißer Pfeffer
1 Prise geriebene Muskatnuss

Zubereitung:
Die Kartoffeln in der Schale in Wasser in etwa 25 Minuten gar kochen. Butter in einem Topf erhitzen, das Mehl hinzufügen und unter ständigem Rühren hellgelb werden lassen. Nach und nach die Milch zugießen. Bei sehr niedriger Temperatur etwas köcheln lassen. Die Kartoffeln pellen und in Scheiben schneiden. Den Dill waschen und fein hacken. Die Sahne in die Sauce geben und mit Salz, Pfeffer und Muskatnuss abschmecken. Die Kartoffeln in die Sauce geben und kurz erhitzen. Mit dem Dill bestreuen.

Ofenkartoffeln mit Rosmarin (KH)

Zutaten:
1 kg Kartoffeln
1 Knolle Knoblauch

3 EL Olivenöl
3 Zweige frischer Rosmarin
Salz
frisch gemahlener schwarzer Pfeffer

Zubereitung:
Die Kartoffeln sollten ungefähr die gleiche Größe haben, eventuell in Stücke schneiden. Gründlich waschen und mit der Schale in eine feuerfeste Form geben. Die Knoblauchzehen ungeschält in der Form verteilen. Die Rosmarinnadeln von den Zweigen zupfen und ebenfalls in der Form verteilen. Das Öl hinzufügen. Im vorgeheizten Backofen bei 200 Grad in etwa 45 Minuten knusprig backen.

Kohlrabi-Kartoffel-Auflauf (KH)

Zutaten:
750 g Kohlrabi
750 g Kartoffeln
4 Zwiebeln
2 EL Butter
1 Bund Petersilie
1 TL getrockneter Thymian
2 TL Salz, etwas geriebene Muskatnuss
150 ml saure Sahne
2 Eigelb
1 TL mildes Paprikapulver
50 g geriebenen Emmentaler Käse
2 EL Öl

Zubereitung:
Die Kohlrabi schälen, in dicke Scheiben schneiden und grob raspeln. Die Kartoffeln waschen, schälen

und in dünne Scheiben schneiden. Die Zwiebeln schälen und in dünne Ringe schneiden. Eine feuerfeste Form mit Butter einfetten. Den Backofen auf 220 Grad vorheizen. Die Petersilie fein hacken. Die Zwiebeln in 1 EL Butter goldgelb dünsten. Die Hälfte der Kartoffelscheiben in die Form füllen und mit etwas Thymian und Salz bestreuen. Die Hälfte der Zwiebeln und des Kohlrabis darauf verteilen. Die Kohlrabischicht mit Salz und Muskatnuss würzen. Die restlichen Kartoffeln, Zwiebeln und Kohlrabi in die Form geben und jeweils auf die gleiche Weise würzen. Die saure Sahne mit den Eigelb, dem Paprikapulver und Salz verquirlen und über den Auflauf gießen. Emmentaler über den Auflauf streuen. Den Auflauf mit 2 EL Öl beträufeln. Den Auflauf im Backofen auf der mittleren Schiene etwa 40 Minuten backen, bis der Käse eine goldfarbene Kruste gebildet hat.

Desserts und Drinks

Dinkel-Nusscreme (KH)

Zutaten:
60 g feingemahlenes Dinkelmehl
1/2 l Milch
2 EL Ahornsirup
60 g gemahlene, geröstete Haselnüsse
30 g Rosinen
150 ml Sahne
2 gestr. EL Kakaopulver, 1 TL Rum

Zubereitung:
Das Dinkelmehl mit etwas Milch verrühren, die restliche Milch mit 1 EL Ahornsirup aufkochen, Topf vom Feuer ziehen und das Mehl mit dem Schneebesen einrühren. Aufkochen lassen, dann bei abgeschalteter Hitze in 5 Minuten ausquellen lassen. Nüsse und Rosinen unterrühren. Die Creme in Schälchen füllen und kalt stellen. Die Sahne steif schlagen, Kakaopulver, Rum und 1 EL Ahornsirup zugeben und kurz unterschlagen. Dinkelcreme mit Kakaosahne garniert servieren.

Bananen-Eiscreme (KH)

Zutaten:
1 kg reife Bananen
1 l Sahne
2 EL Blütenhonig
ausgekratztes Mark von 1/2 Vanillestange

Zubereitung:
Bananen schälen und in kleine Stücke schneiden. Bananen mit Sahne, Honig und Vanillemark im

Mixer fein pürieren. Die Masse anschließend in Gefrierschalen füllen und im Gefrierfach in 4 bis 6 Stunden fest werden lassen.

Tipp:
Die Sahne steif schlagen und locker unter das gewürzte Bananenpüree heben. Schmeckt auch halbgefroren sehr gut. Dazu passt Schokoladensauce.

Gebratene Äpfel (E)

Zutaten:
60 g Butter
4 EL gehackte Walnusskerne
4 süße Äpfel
5 cl Apfelwein
1 Messerspitze Zimtpulver

Zubereitung:
30 g Butter in einer Pfanne erhitzen, die Walnusskerne darin 3 Minuten braten. Die Äpfel waschen, trockenreiben, vierteln und vom Kernhaus befreien. Apfelviertel in dünne Schnitze teilen und kreisförmig in die Pfanne legen, 3 Minuten dünsten. Äpfel mit dem Apfelwein ablöschen, mit Zimtpulver bestäuben. Restliche Butter als Flöckchen über den Äpfeln verteilen und alles etwas einkochen lasen. Heiß servieren.

Tipp:
Dazu passt ganz hervorragend Schlagsahne, je nach Geschmack mit etwas Zimt- oder Vanillepulver aromatisiert.

Vitaminmix (E)

Zutaten:
1 kg Möhren
4 Blutorange
2 EL Sahne

Zubereitung:
Die Möhren schälen und entsaften. Die Orangen auspressen. Beide Säfte mit der Sahne gründlich vermischen, in vier Gläser füllen und sofort servieren.

Tipp:
Die Gläser jeweils mit einer dünnen Orangenscheibe garnieren. Dieser Mix ist erfrischend und zugleich äußerst gesund

Oasentrunk (KH)

Zutaten:
2 kleine Bananen
2 EL feingehackte Datteln
2 EL Sesampaste (erhältlich in Reformhaus oder Bioladen)
1/2 l frischer Kefir
2 EL Kokosraspel

Zubereitung:
Die Bananen schälen und in Stücke schneiden. Mit den Datteln, der Sesampaste und dem Kefir im Mixer fein pürieren. Das Getränk auf vier Gläser verteilen, mit den Kokosraspeln bestreuen und frisch servieren.

Quark mit Bananen (KH)

Zutaten:
4 Bananen
500 g Quark
2 EL Leinöl, 1 EL Honig
3 EL gemahlene Haselnüsse

Zubereitung:
Die Bananen schälen, in Scheiben schneiden und im Mixer pürieren. Quark, Öl, Honig und die Haselnüsse dazugeben und alles verrühren. Auf Dessertschälchen verteilen.

Tipp:
Diese Quarkspeise können Sie auch mit Äpfeln oder Pfirsichen zubereiten.

Preiselbeercreme (E)

Zutaten:
250 g Sahne, 500 g Joghurt
100 g Preiselbeerkompott

Zubereitung:
Die Sahne steif schlagen. Joghurt mit dem Preiselbeerkompott mischen. Sahne und Preiselbeer-Joghurt-Mischung verrühren und auf Dessertteller verteilen.

Tipp:
Durch das Preiselbeerkompott erhält diese Nachspeise die Süße, sodass kein zusätzlicher Zucker nötig ist und Sie Kalorien sparen können.

Orangen-Kiwi-Quark (E)

Zutaten:
4 Orangen
4 Kiwis
250 g Quark
50 ml Sahne
1 EL Honig
3 EL gehackte Haselnüsse

Zubereitung:
Die Orangen schälen und filetieren. Die Kiwis schälen und in dünne Scheiben schneiden. Den Quark mit Sahne, Honig und den Nüssen glatt rühren. Die Früchte unterheben. In Schalen servieren.

Ananas-Dessert (E)

Zutaten:
1 Ananas
200 ml Sahne
200 ml saure Sahne
evtl. etwas Zuckerrohrgranulat

Zubereitung:
Die Ananas schälen und das Fruchtfleisch in mundgerechte Stücke schneiden. Die Sahne steif schlagen und mit der sauren Sahne vermischen. Je nach Geschmack ein wenig mit Zuckerrohrgranulat süßen.

Tipp:
Ein äußerst erfrischendes Dessert an heißen Tagen.

Mango-Quark (E)

Zutaten:
2 reife Mangos
200 ml Sahne
500 g Quark
100 ml Milch
1 EL Honig

Zubereitung:
Die Mangos schälen und vom Stein lösen. In mundgerechte Stücke schneiden. Die Sahne steif schlagen. Den Quark mit der Milch und dem Honig im Mixer verrühren. Die Sahne und die Früchte unterheben. In Schalen servieren.

Rote Grütze (E)

Zutaten:
1 kg gemischte Beeren (z. B. Johannisbeeren, Himbeeren, Brombeeren)
250 ml Johannisbeersaft (ungesüßt)
1/2 TL Agar-Agar
50 g Zuckerrohrgranulat
150 ml Sahne
150 ml Milch

Zubereitung:
Die Beeren verlesen, waschen, trockentupfen und auf Dessertschälchen verteilen. 3 EL Johannisbeersaft mit Agar-Agar verrühren. Den restlichen Saft mit dem Zuckerrohrgranulat aufkochen. Das Agar-Agar daruntermischen, aufkochen und bei niedriger Hitze 1 Minute kochen. Die heiße Mi-

schung über die Beeren gießen, abkühlen lassen und im Kühlschrank ca. 6 Stunden kalt stellen. Vor dem Servieren Sahne und Milch mischen und in einem Milchkännchen zur Roten Grütze reichen.

Exotischer Obstsalat (E)

Zutaten:
1 Mango, 1 Papaya
1 kleine Ananas, 2 Orangen
2 Kiwi
2 Birnen
4 EL Portwein

Zubereitung:
Alle Früchte schälen. Mango, Papaya und Ananas schälen und in mundgerechte Würfel schneiden. Orangen filetieren, Kiwi und Birnen in feine Scheiben schneiden. Die Früchte mischen und auf Dessertteller verteilen. Auf jeden Teller 1 EL Portwein geben.

Eis mit Himbeeren (E)

Zutaten:
400 g tiefgekühlte Himbeeren
100 ml Sahne
150 g Vollmilchjoghurt

Zubereitung:
Die Himbeeren etwas antauen lassen. In einen Mixer geben und mit Sahne und Joghurt pürieren. In Dessertschälchen sofort servieren.

Bananen-Buttermilch (KH)

Zutaten:
4 Bananen
2 EL Honig
1 l gekühlte Buttermilch

Zubereitung:
Die Bananen schälen und in Scheiben schneiden. Mit dem Honig und der Buttermilch in einen Mixer geben und pürieren. In 4 Gläser verteilen.

Tipp:
Dieser Drink ist sehr nahrhaft und kann zur Not eine Mahlzeit ersetzen.

Erdbeerkefir (E)

Zutaten:
250 g Erdbeeren
800 g gekühlter Kefir

Zubereitung:
Die Erdbeeren halbieren und im Mixer pürieren. Den Kefir langsam untermischen. In 4 Gläser verteilen.

Trennkostgerecht backen

Altwiener Guglhupf (KH)

Zutaten:
250 g Weizenvollkornmehl
250 g Dinkelmehl
1 Würfel Hefe (42 g)
1/8–1/4 l lauwarme Milch
1 Prise Salz
150 g weiche Butter
80 g Honig
4 Eigelb
1/2 TL Vanillepulver
abgeriebe Schale von 1/2 Zitrone (unbehandelt)
2 Tropfen Bittermandelöl
3 EL Kakaopulver
Fett und Mehl für die Form
Puderzucker zum Bestäuben

Zubereitung:
Das Mehl in eine große Schüssel geben, in die Mitte eine Mulde drücken. Die Hefe in etwas lauwarmer Milch auflösen, in die Vertiefung gießen und mit etwas Mehl zum Vorteig verrühren. Zugedeckt 20 Minuten an einem warmen Ort gehen lassen. Salz, Butter in Flocken, Honig, Eigelb und restliche Milch (bis auf 2 EL) zugeben. Alles gut vermengen und den Teig 10 Minuten kräftig abschlagen. Es soll ein geschmeidiger Teig entstehen. Diesen zugedeckt an einem warmen Ort etwa 1 Stunde gehen lassen, bis er sein Volumen verdoppelt hat. Den Ofen auf 180 Grad vorheizen. Teig nochmals kurz durchkneten und in zwei Hälften teilen. Die eine Hälfte mit Vanillepulver, Zitronenschale und Bittermandelaroma würzen, die andere mit dem in den 2 EL Milch verrührtem Kakaopulver. Eine Gugl-

hupfform einfetten, mit Mehl bestäuben und die zwei Teighälften übereinander einfüllen. Kuchen im vorgeheizten Ofen etwa 1 Stunde backen. Mit einem Holzstäbchen prüfen, ob der Teig durchgebacken ist. Guglhupf auf ein Kuchengitter stürzen und auskühlen lassen. Mit Puderzucker besieben.

Haferbrötchen (KH)

Zutaten:
1 Würfel Hefe (42 g)
1 gestr. TL Honig
3/8 l lauwarme Milch
375 g Weizenvollkornmehl
125 g Hafermehl oder feine Haferflocken
1/2 EL Salz
Mehl zum Ausrollen
Fett für das Blech
Milch zum Bestreichen
Sesam- oder Mohnsamen zum Bestreuen

Zubereitung:
Die Hefe in eine Schüssel bröckeln, Honig und etwas Milch zugeben und alles verrühren. Abwechselnd das Weizenmehl und die restliche Milch zugeben. Hafermehl oder -flocken und Salz am Schüsselrand verteilen, den Teig abdecken und 30 Minuten an einem warmen Ort nochmals gehen lassen. Dann alles gut durchrühren und den Teig 10 Minuten kneten. Etwas Mehl auf die Arbeitsplatte geben, den Teig zu einer Wurst rollen und in Stücke von je 60 g teilen. Teigstücke zu Brötchen formen, auf ein gefettetetes Blech setzen und mit lauwarmer Milch bestreichen. 30 Minuten abgedeckt an

einem warmen Ort nochmals gehen lassen. Den Ofen auf 240 Grad vorheizen. Die Brötchen kurz vor dem Backen nochmals mit Milch bestreichen, mit Mohn- oder Sesamsamen bestreuen. Die Brötchen in der Mitte 1 cm tief einschneiden und im vorgeheizten Ofen 20 bis 25 Minuten backen.

Butterkuchen (KH)

Zutaten:
30 ml Sahne
30 g Hefe
500 g Weizenvollkornmehl
60 g Honig
Salz
50 g weiche Butter
1 Eigelb

Zutaten für den Belag:
50 g Butter
50 g Honig
100 g Mandelblättchen
1 TL Zimt

Zubereitung:
200 ml Wasser mit der Sahne mischen und etwas erwärmen. Die Hefe vollständig darin auflösen. Das Vollkornmehl in eine große Schüssel geben, mit Honig, einer Prise Salz, der weichen Butter, dem Eigelb und der aufgelösten Hefe vermischen. Anschließend den Teig 10 Minuten mit den Händen oder 5 Minuten in der Küchenmaschine kneten. Den Teig abdecken und bei Zimmertemperatur ca. 30 bis 40 Minuten gehen lassen, bis sich sein

Volumen verdoppelt hat. Den gegangenen Hefeteig kurz kneten, ausrollen und auf das Backblech legen. In einer großen Pfanne die Butter und den Honig flüssig werden lassen, die Mandelblättchen mit dem Zimt dazugeben und alles miteinander verrühren. Diese Masse auf dem Hefeteig verteilen, mit einem Küchentuch abdecken und erneut ca. 30 Minuten gehen lassen. Im auf 200 Grad vorgeheizten Backofen auf die mittlere Schiene einschieben. Den Backofenrost mit einer Tasse Wasser auf die obere Schiene einschieben, den Kuchen bei 180 Grad 20 Minuten backen.

Marmorkuchen (KH)

Zutaten:
200 g Butter
400 g Weizenvollkornmehl
4 TL Backpulver
100 g Honig
2 Eigelb
2 EL steifgeschlagene Sahne
Salz
60 ml flüssige Sahne
150 ml Mineralwasser
50 g Kakao (schwach entölt)
25 g Honig

Zubereitung:
Eine Springform mit Marmorkucheneinsatz mit etwas Butter einpinseln und mit 1 EL Mehl ausstreuen. Das Vollkornmehl mit dem Backpulver mischen. Den Backofen auf 180 Grad vorheizen. Die weiche Butter schaumig rühren, nach und nach

den Honig einrühren. Danach die Eigelbe einzeln unterrühren, bis eine cremige Masse entstanden ist. Die steifgeschlagene Sahne unterheben. Das mit dem Backpulver vermischte Mehl und 1 Prise Salz mit einem Rührlöffel einarbeiten, ebenso die 50 ml flüssig Sahne und das Mineralwasser. Etwa ein Drittel des Teiges in die Form füllen und mit dem nassen Rücken eines Löffels glatt streichen. In den restlichen Teig den Kakao, den Honig sowie 1 EL Sahne rühren und über den hellen Kuchenteig verteilen.
Eine Gabel in Spiralenform durch den gesamten Teig ziehen, damit die Marmorierung zustande kommt. Den Kuchen im vorgeheizten Backofen etwa 60 Minuten backen. Den Kuchen auf einem Gitterrost abkühlen lassen und erst nach ca. 5 bis 10 Minuten aus der Form stürzen.

Haselnusskuchen (KH)

Zutaten:
300 g weiche Butter
200 g geriebene Haselnüsse
250 g Weizenvollkornmehl
2 TL Backpulver
200 g Honig, 2 Eigelb
Salz
2 EL steifgeschlagene süße Sahne
30 ml flüssige Sahne
100 ml Mineralwasser

Zubereitung:
Eine Kastenform mit etwas Butter einpinseln. In einer beschichteten Pfanne die feingemahlenen

Haselnüsse unter ständigem Rühren und Wenden langsam rösten. Die Nüsse anschließend auf einem Teller auskühlen lassen. Das Vollkornmehl mit dem Backpulver gut mischen. Den Backofen auf 180 Grad vorheizen. Die weiche Butter im Mixer rühren, bis sie richtig schaumig ist, und den Honig, die Eigelb und eine Prise Salz nach und nach untermischen. So lange rühren, bis die gesamte Masse cremig ist. Die beiden EL steifgeschlagene Sahne darunterziehen. Die abgekühlten Haselnüsse abwechselnd mit dem Mehl-Backpulver-Gemisch mit einem Rührlöffel vorsichtig unterheben. Dann die flüssige Sahne und das Mineralwasser einarbeiten. Den Kuchenteig in die bereits vorbereitete Kastenform füllen und im vorgeheizten Backofen etwa 60 Minuten backen. Am Schluss den Kuchen auf einem Gitterrost abkühlen lassen und erst nach ungefähr 5 bis 10 Minuten vorsichtig aus der Form stürzen.

Käsekuchen (KH)

Zutaten für den Teig:
250 g Weizenvollkornmehl
125 g Butter
100 g Honig
Salz

Zutaten für den Belag:
200 ml Sahne
1 kg Quark
150 g Honig
3 Eigelb
100 g Vollkorngrieß

Zubereitung:
Das Mehl auf die Arbeitsfläche schütten. In die Mitte eine Mulde drücken. Die Butter in kleine Stücke schneiden und über dem Mehl verteilen. Den Honig, 1 Prise Salz und 3 EL Wasser in die Mulde geben und alles zu einem Teig verkneten. Den Teig ausrollen und in einer Springform mit einem Rand auslegen. Den Kuchenboden mehrmals mit einer Gabel einstechen und für etwa 30 Minuten in den Kühlschrank stellen. Den Backofen auf 160 Grad vorheizen. Die Sahne steif schlagen und kühl stellen. Den Quark in einer Schüssel mit Honig, den Eigelb und dem Vollkorngrieß mit einem Mixer vermischen. Die geschlagene Sahne mit einem Schneebesen unterziehen und die Quarkmasse auf dem Kuchenteig verteilen. Den Käsekuchen im vorgeheizten Backofen etwa 11/2 Stunden backen. Unbedingt einige Zeit im Ofen auskühlen lassen. Wird der Kuchen sofort aus dem Backofen genommen, fällt er möglicherweise zusammen.

Haselnussplätzchen (KH)

Zutaten:
200 g Dinkelvollkornmehl
1 TL Backpulver
1 EL Sahne, 80 g Butter
100 g gemahlene Haselnüsse
75 g Honig, 3 EL Sahne zum Bestreichen
abgezogene Haselnüsse zum Garnieren

Zubereitung:
Das Mehl mit dem Backpulver gut durchmischen und in die Mitte eine Mulde drücken. 3 EL Wasser,

1 EL Sahne, Butter, gemahlene Haselnüsse und Honig in die Mulde geben und alles rasch zu einem glatten und geschmeidigen Teig verkneten. Den Teig zu einer Rolle formen (ungefähr 4 cm Durchmesser) und 1 Stunde kühl stellen. Den Backofen auf 180 Grad vorheizen. Die Rolle in etwa 1 cm dicke Scheiben schneiden und sie auf ein mit Butter eingepinseltes Backblech legen. Die Plätzchen mit etwas Sahne bestreichen und jeweils mit einer Haselnuss garnieren. Anschließend im Ofen etwa 10 bis 12 Minuten backen.

Apfel-Käsekuchen (KH)

Zutaten für den Teig:
150 g Magerquark
6 EL Sonnenblumenöl
3 EL Milch
1 Eigelb
1 Prise Salz
2 EL flüssiger Honig
300 g feingemahlenes Weizenvollkornmehl
2 gehäufte TL Backpulver

Zutaten für den Belag:
1,5 kg Äpfel
3 Eigelb
50 g weiche Butter
2 EL flüssiger Honig
500 g Magerquark
2 EL Vollweizengrieß
4 EL Sahne
2 EL Rosinen
(ungeschwefelt)

Zum Bestreichen:
1 Eigelb
1 EL Milch

Zubereitung:
Den Quark mit dem Öl, der Milch, dem Ei, Salz und Honig verrühren. Die Hälfte des Mehls und das Backpulver unterrühren. Dann das restliche Mehl unterkneten. Den Teig 30 Minuten ruhen lassen. In der Zwischenzeit die Äpfel waschen, vierteln, das Kerngehäuse entfernen und in Scheiben schneiden. Butter mit Honig und den Eigelben verrühren. Quark, Grieß, Sahne und Rosinen zugeben. Ein Backblech mit Backpapier auslegen. Den Teig ausrollen, auf das Papier legen, mit den Äpfeln gleichmäßig belegen und die Quarkmasse auf die Äpfel streichen. Das Eigelb mit der Milch verrühren. Die Oberfläche des Kuchens mit der Eiermilch bestreichen und das Blech auf die mittlere Schiene in den kalten Backofen stellen. Bei 210 Grad etwa 60 Minuten backen. Abkühlen lassen und in rechteckige Stücke schneiden.

Welche Lebensmittel gehören in welche Gruppe?

1. Kohlenhydratreiche Lebensmittel

Diese Lebensmittel dürfen nur mit Lebensmitteln aus der neutralen Gruppe gegessen werden.

Getreide:
Gerste, Grünkern, Hafer, Hirse, Mais, Zuckermais, Reis (nicht poliert), Roggen, Weizen, Dinkel, Bulgur, Buchweizen

Vollkornerzeugnisse:
Alle Vollkornbrote, Vollkornbrötchen, Vollkornkuchen, Vollkorngebäck

Kartoffeln und Teigwaren:
Kartoffeln, Süßkartoffeln; alle Sorten Vollkornnudeln, jedoch keine Nudeln, die Eier enthalten

Folgende Obst- und Gemüsesorten:
Bananen, frische Datteln und Feigen, ungeschwefelte Trockenfrüchte (z. B. Aprikosen, Bananen, Feigen, Rosinen), Grünkohl, Schwarzwurzeln, Topinambur

Süßungsmittel:
Honig, Ahornsirup, Rohrzucker, Apfel- und Birnendicksaft, Zuckerrohrgranulat

Getränke zu Kohlenhydratmahlzeiten:
Wasser, Kaffee, schwarzer Tee, Kräutertee, Gemüsesäfte, Bier

2. Neutrale Lebensmittel

Diese Lebensmittel können innerhalb einer Mahlzeit entweder mit Lebensmitteln aus der Eiweißgruppe oder mit Lebensmitteln aus der Kohlenhydratgruppe kombiniert werden.

Folgende Gemüsesorten:
Artischocken, Auberginen, Blattsalate (z. B. Endiviensalat, Eisbergsalat, Kopfsalat), Bleichsellerie, Blumenkohl, grüne Bohnen, Brokkoli, Brunnenkresse, Chicorée, Chinakohl, Feldsalat, Fenchel, Gartenkresse, Gurken, Kohlrabi, Kürbis, Lauch, Löwenzahn, Mangold, Möhren, Paprikaschoten, Pastinaken, Peperoni, Radieschen, Rettich, Rosenkohl, Rote Bete, Rotkohl, Sauerkraut, Sellerie, Spargel, Spinat, Steckrübe, Tomaten, weiße Rüben, Weißkohl, Wirsing, Zucchini, Zwiebeln

Pilze:
alle essbaren Pilze wie z. B. Champignons, Egerlinge, Morcheln, Pfifferlinge, Rotkappen, Steinpilze, Trüffel

Sprossen:
z. B. Sojabohnensprossen, Alfalfa

Kräuter:
alle frischen oder getrockneten Kräuter

Milch- und Milchprodukte:
Vollmilch, Vorzugsmilch, Stuten-, Schafs- und Ziegenmilch, Buttermilch, Kefir, Quark, Sahne, saure Sahne, Vollmilchjoghurt

Käse (alle Sorten ab 45 % i. Tr.):
Bel Paese, Brie, Butterkäse, Camembert, Chester, Edamer, Edelpilzkäse, Emmentaler, Feta, Rahmfrischkäse, Gorgonzola, Gouda, Gruyère, Mozzarella, Münsterkäse, Parmesan, Roquefort, Tilsiter; außerdem körniger Frischkäse

Nüsse:
Cashewkerne, Hasel-, Para-, Pekan- und Walnüsse, Mandeln, Pistazien, (Ausnahme: Erdnüsse, denn sie wirken säurebildend im Körper)

Kerne:
Sonnenblumenkerne, Pinienkerne, Kürbiskerne

Samen:
Weizenkeime, Sesamsamen

Gewürze:
Salz (am besten als Vollmeersalz oder Kräutersalz), Pfeffer, Paprika, Curry, Knoblauch, Kümmel, Meerrettich, Muskatnuss, Gemüsebrühe

Öle und Fette:
Butter, ungehärtete und naturbelassene Fette, Margarine möglichst nicht verwenden

Alle naturbelassenen, kaltgepressten Öle aus Samen und Keimen:
Maiskeimöl, Olivenöl, Sesamöl, Sojaöl, Sonnenblumenöl, Traubenkernöl, Walnussöl, Weizenkeimöl

Außerdem:
Avocados, Eigelb, Hefe, Oliven

3. Eiweißreiche Lebensmittel

Diese Lebensmittel dürfen auf jeden Fall nur ausschließlich mit Lebensmitteln, die aus der neutralen Gruppe kommen, kombiniert werden.

Fleisch- und Wurstwaren:
Muskelfleisch und Innereien vom Lamm, Schaf, Hammel, Kalb, Rind, Schwein, Kaninchen, Pferd, Hase, Hirsch, Reh, Wildschwein; auch Tatar und Bündnerfleisch, magerer Schinken

Geflügel:
Ente, Fasan, Gans, Huhn, Taube, Truthahn (Pute), Wachtel

Fisch:
Meeresfische: Dorsch, Flunder, Heilbutt, Hering (frisch), Kabeljau, Katfisch, Makrele, Petersfisch, Rochen, Rotbarsch, Rotzunge, Sardelle (frisch), Sardine (frisch), Schellfisch, Scholle, Schwertfisch, Seehecht, Seezunge, Steinbutt, Thunfisch.
Süßwasserfische: Aal, Barsch, Brasse, Forelle, Hecht, Karpfen, Lachs, Schleie, Zander

Krusten- und Weichtiere:
Austern, Garnelen, Hummer, Flusskrebse, Langusten, Miesmuscheln, Steckmuscheln, Tintenfisch, Kaviar

Milch- und Milchprodukte:
Milch (mager und teilentrahmt), Joghurt (mager und teilentrahmt), Quark (mager und teilentrahmt, kein Sahnequark), Käse: alle Sorten mit bis zu 45 % Fett i. Tr.

Sojaprodukte:
Tofu und alle aus der Sojabohne hergestellten Produkte

Früchte:
Kernobst: Äpfel, Birnen
Steinobst: Aprikosen, Kirschen, Mirabellen, Pfirsiche, Pflaumen, Reneclauden
Beeren: Brombeeren, Erdbeeren, Preiselbeeren, Stachelbeeren, Trauben
Wildfrüchte: Hagebutten, Holunder, Sanddorn, Schlehen, Weißdorn
Exotische Früchte: Ananas, Granatapfel, Kaki, Karambole, Kiwi, Kumquat, Litschi, Mango, Papaya, Passionsfrucht, Wassermelone, Zuckermelone
Zitrusfrüchte: Orangen, Grapefruit, Mandarinen, Limetten, Zitronen

Getränke zu Eiweißmahlzeiten:
Wasser, Kräuter- und Früchtetee, Gemüse- und Fruchtsäfte, Kaffee, schwarzer Tee, Wein, Apfelwein, Sekt, Champagner

Außerdem:
ganze Eier, Eiweiß

A

B

C

G

H

K

L

M

N

O

P

Q

R

S

T

V

W

Z